origines et formation de la langue française

CONDITIONS DE LA SOUSCRIPTION

La PALÉONTOLOGIE FRANÇAISE paraît par livraisons de 12 planches, avec le texte correspondant.

PRIX DE LA LIVRAISON. . . 6 FRANCS.

CONDITIONS DE VENTE

DES PARTIES PUBLIÉES PAR ALC. D'ORBIGNY.

TERRAIN CRÉTACÉ.

CÉPHALOPODES, 1 vol. de texte, avec atlas de 150 pl........ 48 fr.

GASTÉROPODES, 1 vol. de texte, avec atlas de 91 pl......... 30 fr.

LAMELLIBRANCHES, 1 vol. de texte, avec atlas de 257 pl...... 80 fr.

BRACHIOPODES, 1 vol. de texte, avec atlas de 111 pl......... 35 fr.

BRYOZOAIRES, 1 vol. de texte, avec atlas de 202 pl........... 65 fr.

ÉCHINIDES IRRÉGULIERS, 1 vol. de texte, avec atlas de 207 pl.. 67 fr.

Ensemble : 6 volumes de texte et 6 atlas comprenant 1,018 planches. Prix. . . . . 325 fr.

TERRAIN JURASSIQUE.

CÉPHALOPODES, 1 vol. de texte, avec atlas de 234 pl......... 75 fr.

GASTÉROPODES, 1 vol. de texte, avec atlas de 198 pl......... 65 fr.

Ensemble : 2 volumes de texte et 2 atlas ensemble de 432 planches. Prix. . . . . 140 fr.

CORBEIL, typ. et stér. de CRÉTÉ.

ORIGINE ET FORMATION

DE LA

LANGUE FRANÇAISE

TABLE DES CHAPITRES

BIBLIOTHÈQUE
DE L'ÉCHO DE LA SORBONNE
PARIS, 7, RUE GUÉNÉGAUD.

ENTRETIENS SUR LA LANGUE FRANÇAISE

I

ORIGINE ET FORMATION DE LA LANGUE FRANÇAISE

Par Hippolyte COCHERIS
Bibliothécaire à la Bibliothèque Mazarine
Membre de la Société nationale des Antiquaires de France
Membre du Comité national des travaux historiques
et des Sociétés savantes au ministère
de l'Instruction publique
Membre de la Société de linguistique,
etc., etc.

H. CATENACCI. INV. & Del — F. MÉAULLE. sc

A

MONSIEUR JULES SANDEAU

DE L'ACADÉMIE FRANÇAISE

HOMMAGE D'UN AMI DÉVOUÉ

Hippolyte COCHERIS

ORIGINE ET FORMATION

DE LA

LANGUE FRANÇAISE

CHAPITRE PREMIER

Origine du langage et classification des langues.

Si le Sphinx avait proposé à Œdipe l'énigme de l'origine des langues, Œdipe n'aurait jamais obtenu de Créon la main de Jocaste; car, il y a de ces mystères inaccessibles à la raison humaine que les efforts réunis de tous les hommes et de tous les siècles ne sauraient dévoiler. L'origine du langage est un de ces mystères. C'est pourquoi je n'entreprendrai pas d'indiquer ici les différents systèmes philosophiques qui ont été soulevés à ce sujet.

Tous les grands hommes ont cherché à trancher la difficulté, sans y parvenir. Le Dante fait dire à Adam, dans son *Paradis* : « La langue dont je me servis disparut avant que les hommes de Nemrod se fussent appliqués à l'œuvre interminable. »

C'était couper court à toute tentative de recherches.

Jean-Jacques Rousseau s'en tire par un mot d'esprit. Selon lui, les premiers mots prononcés dans le Midi étaient : « aimez-moi, » et dans le Nord : « aidez-moi. »

Tout cela n'est guère scientifique, et, sans pousser la hardiesse jusqu'à vouloir retrouver les premiers éléments de la langue primitive, on peut chercher du moins à en deviner la physionomie par l'étude comparative des idiomes les plus anciens.

La langue primitive devait être l'exact reflet de la vie sensible de l'homme primitif, c'est-à-dire d'une simplicité extrême, rudimentaire dans ses expressions.

« A son apparition, dit le célèbre Jacques Grimm, la langue était simple, sans procédés artificiels, pleine de la vie et du mouvement de la jeunesse. Tous les mots étaient courts, monosyllabiques, formés la plupart de voyelles brèves et de consonnes simples. Les mots se pressaient, s'agglomeraient dans le discours comme des brins d'herbe dans le gazon. Toutes les idées découlaient d'une sensation, d'une intention claire, constituant déjà une pensée et devenant le point de départ d'une foule d'autres pensées également simples. Les rapports qui liaient les mots à la pensée étaient naïfs, mais ils furent bientôt déparés par l'addition de mots disposés sans ordre. A chaque pas qu'elle fit, la langue parlée revêtit plus de plénitude et de flexibilité ; mais elle se manifestait encore sans mesure et sans harmonie. La pensée n'avait rien de fixe et d'arrêté ; et voilà pourquoi la langue primitive n'a pu laisser aucun monument de son existence. »

La linguistique, c'est-à-dire la science du langage, permet de classer toutes les langues de l'univers, suivant les lois qui président à leur formation, ou d'après les affinités qu'elles ont entre elles.

Le premier système s'appelle : *classification morphologique;* le second système : *classification généalogique.*

La *classification morphologique* est fondée entièrement sur la forme des mots, c'est-à-dire sur la manière dont se combinent les racines, sur le procédé par lequel elles se groupent et s'assemblent pour exprimer et coordonner les idées qu'elles représentent.

D'après ce système, les langues sont divisées en trois groupes :

1° Le groupe des langues monosyllabiques;
2° Le groupe des langues d'agglutination;
3° Le groupe des langues a flexion.

1. Le langage monosyllabique n'est composé que de mots d'une syllabe rendus par une seule émission de la voix. Ces mots, à la fois substantifs et verbes, n'ont un sens catégorique, dans la phrase où ils sont employés, que grâce à la manière dont ils sont mis en relation avec d'autres mots. Ainsi le chinois, qui est le type le plus parfait du monosyllabisme, est-il une des langues les plus difficiles à être comprises par les étrangers; le pluriel n'existant pas, on est obligé de répéter deux fois le même mot pour indiquer qu'il y en a plusieurs ; ainsi on dira : *pommier, pommier*, pour des pommiers; *toi beaucoup* ou *toi autre* pour dire *vous*. Un même mot, comme *tschoun*

par exemple, exprime des idées différentes indiquées uniquement par le changement de l'accent et signifie : *maître*, *cochon*, *cuisine*, *colonne*, *libéral*, *préparer*, *vieille femme*, *boiser*, *propice*, *peu*, *humecter*, *esclave et prisonnier*.

Le chinois, le siamois, le thibétain et les langues himalayennes forment le groupe des langues monosyllabiques.

2. Les langues dites agglutinantes sont ainsi appelées parce que c'est à l'aide du procédé d'agglutination que les particules, exprimant des catégories grammaticales, se lient étroitement aux mots primitifs ou racines.

Les vieilles langues de l'Hindoustan, dites langues dravidiennes, les langues australiennes, touraniennes, ougro-japonaises, caucasiennes, ibérienne ou basque, africaines, hottentote, malayo-polynésiennes, et les langues polysynthétiques de l'Amérique appartiennent au groupe des langues agglutinantes.

On appelle polysynthétique une langue qui réunit un grand nombre d'idées sous la forme d'un seul mot.

3. Dans les langues à flexion le radical subit une altération phonétique, c'est-à-dire une altération du son, destinée à exprimer les circonstances de genre, de nombre, de relation, et qui change à chaque instant le son, la forme et l'accent du mot employé.

Les langues sémitiques et les langues indo-européennes appartiennent au groupe des langues à flexion.

Ces trois groupes correspondent à trois époques distinctes de l'histoire du langage. En effet, certaines langues se sont arrêtées à un organisme élémentaire, telles sont les langues monosyllabiques ; d'autres se sont développées davantage sans atteindre cependant une organisation complète, ce sont les langues d'agglutination; enfin, un nombre assez considérable de langues ont ajouté au monosyllabisme et à l'agglutination une formation plus achevée qui leur donne une grammaire plus compliquée et une allure plus harmonieuse et plus variée. Ce sont les langues à flexion.

La *classification généalogique* permet de distinguer trois grandes familles de langues :

La famille aryenne.
La famille sémitique.
La famille touranienne.

Le berceau primitif de la famille *aryenne* est dans l'Asie centrale. C'est près des sources de l'Oxus et de l'Iaxarte que résidait la race brahmanique qui parlait le sanscrit.

Arya signifie celui qui laboure ou cultive. La langue des aryens est donc la langue d'un peuple sédentaire et agricole, tandis que *Toura* exprime la vitesse du cavalier, image fidèle du caractère des Touraniens, race nomade par excellence, ennemis jurés des aryens, représentés aujourd'hui par les peuples du nord et du centre de l'Asie, qui parlent le tougouse, le mongol, le turc, le samoyède et le finnois.

Voici, d'après le savant et ingénieux Max Muller, le tableau de cette grande famille des langues aryennes, à laquelle nous appartenons.

TABLEAU GÉNÉALOGIQUE

DE LA FAMILLE DES LANGUES ARYENNES

CLASSES.	BRANCHES.	LANGUES MORTES.	LANGUES VIVANTES.
A. **INDIENNE**	1.	1. Prâkrit et pali. Sanscrit moderne. Sanscrit védique	1. Dialectes de l'Inde.
	2.		2. — des Tziganes.
B. **IRANIENNE**	3.	3. Parsi. Pehlvi. Inscriptions cunéiformes. Zend	3. — de la Perse.
	4.		4. — de l'Afghanistan.
	5.		5. — du Kurdistan.
	6.	6. Ancien arménien	6. — de l'Arménie.
	7.		7. — des Ossètes.
C. **CELTIQUE**	8. Kymrique	8.	8. — du pays de Galles.
	9.	9.	9. — de la Bretagne française.
	10.	10. Cornique	10. —
	11. Gadhelique	11.	11. — de l'Ecosse.
	12.	12.	12. — de l'Irlande.
	13.	13.	13. — de l'île du Man.
D. **ITALIQUE**	14.		14. — du Portugal.
	15.		15. — de l'Espagne.
	16.	17. Osque. Latin. Ombrien. — Latin vulgaire. 16. Langue d'oc.	16. — de la Provence.
	17.	17. Langue d'oïl.	17. — de la France.
	18.		18. — de l'Italie.
	19.		19. — de la Valachie.
E. **ILLYRIENNE**	20.		20. — des Grisons.
	21.		21. — de l'Albanie.
F. **HELLÉNIQUE**	22.	22. Dorien, éolien. Attique, ionien	22. — de la Grèce.
G. **WINDIQUE**	23.		23. — de la Lithuanie.
	24. Lette	24. Ancien prussien	24. —
	25.		25. — de la Courlande et de la Livonie (*le lette*).
	26.	26. Slavon ecclésiastique	26. — de la Bulgarie.
	27.		27. — de la Russie.
	28. Slavonne		28. — de l'Illyrie (le slovenien, le croate, le serbe).
	29.		29. — de la Pologne.
	30.	30. Ancien bohémien	30. — de la Bohême.
	31.	31. Polabe	31. — de la Lusace.
H. **TEUTONIQUE**	32. Haut allemand	32. Moyen haut allemand. Ancien haut allemand	32. — de l'Allemagne.
	33.	33. Gothique	33. —
	34. Bas allemand	34. Anglo-saxon	34. — de l'Angleterre.
	35.	35. Ancien hollandais	35. — de la Hollande.
	36.	36. Ancien frison	36. — de la Frise.
	37.	37. Ancien saxon	37. — de l'Allemagne septentrionale (le *platt-deutsch*).
	38. Scandinave	38.	38. — du Danemark.
	39.	39. Ancien nordique	39. — de la Suède.
	40.	40.	40. — de la Norwége.
	41.	41.	41. — de l'Islande.

La *famille sémitique* est divisée en trois branches : l'araméenne, l'hébraïque et l'arabique.

La *famille touranienne* réunit dans son sein toutes les langues des tribus nomades du nord et du centre de l'Asie. Le tougouse, le mongol, le turc, le samoyède et le finnois appartiennent à cette famille.

Il en est de la généalogie des langues comme de la généalogie des familles. Elle est impossible à établir sans solution de continuité. Les éléments constitutifs qui président à la naissance de toutes les langues ne sont connus qu'imparfaitement. On devine les causes de leur splendeur et de leur décadence; mais on ne saurait signaler aucun fait contemporain de leur origine, et l'on ne rencontre les traces du rôle qu'elles jouent dans l'histoire, que lorsqu'elles sont parvenues à un certain degré de formation. La raison en est du reste bien simple : on a toujours parlé, mais on n'a pas toujours écrit. La représentation de la parole par des signes annonce un certain degré de civilisation; et, lorsqu'un peuple est assez civilisé pour écrire, sa langue est formée, si elle n'est pas définitivement réglée. Comme on peut le voir dans le tableau qui précède, les langues de la *famille aryenne,* dites langues indo-européennes ou japétiques, se rapprochent toutes plus ou moins du sanscrit, idiome de la religion et de la science brahmaniques, parlé, il y a plus de deux mille ans, dans la contrée qui s'étend entre la mer Caspienne et l'Hindou-Koh. On peut les diviser en huit *classes* ou familles alliées entre elles par de grandes affinités d'origine, mais dont le degré exact de filiation et de parenté ne peut être que très-difficilement établi.

1° La classe hindoue, qui a le sanscrit pour base.

2° La classe iranienne ou persane, composée d'idiomes parlés entre le Caucase et le Pendjab, et dont nous possédons des types excessivement anciens, dans les inscriptions cunéiformes conservées au musée du Louvre, et dans les textes zend, langue morte longtemps avant l'ère chrétienne et qui servit aux mages pour écrire leur code religieux, le Zend-Avesta.

3° La classe hellénique.

4° La classe italique, à laquelle le français appartient.

5° La classe windique ou slave, qui a conservé, plus que toutes les autres langues de l'Europe, le caractère du sanscrit.

6° La classe teutonique.

7° La classe illyrienne.

8° La classe celtique, la plus éloignée, au double point de vue de la philologie et de la géographie, du berceau où elle a pris naissance, et qui finira peut-être par s'éteindre complétement lorsque les bas Bretons ne sauront plus que le français, et que les habitants du pays de Galles, de l'île du Man, de l'Irlande et de la haute Écosse se soumettront à ne parler que la langue officielle du royaume britannique.

Maintenant que nous connaissons la famille à laquelle appartient la langue française, nous allons chercher à pénétrer le mystère de sa formation.

Nous étudierons donc successivement les influences latine, gauloise, germanique, grecque et orientale, qui, à des degrés divers, ont formé l'idiome national.

CHAPITRE II

Histoire de la langue latine.

Il est impossible de s'occuper des origines de la langue française, sans esquisser à grands traits l'histoire de la langue latine. La liaison qui existe entre le latin et le français est tellement intime qu'il est difficile de parler de l'un sans se souvenir de l'autre. Dans le cours de ces études, nous serons obligés d'établir à chaque instant des comparaisons qui nécessitent une connaissance, au moins superficielle, de la latinité, et je ne connais pas de meilleurs prolégomènes à l'étude comparée du latin et du français, que l'histoire des péripéties, c'est-à-dire des changements de fortune subis par la langue de Virgile et d'Horace, depuis son origine jusqu'à la formation des langues romanes.

On a divisé l'Histoire de la langue latine en six grandes époques :

L'époque barbare, depuis son origine incertaine jusqu'à Livius Andronicus.

L'époque mitoyenne, depuis l'an 240 avant J.-C. jusqu'à Cicéron.

L'époque d'or, depuis l'an 60 avant J.-C. jusqu'à la mort d'Auguste.

L'époque d'argent, depuis l'an 14 de J.-C. jusqu'au règne d'Antonin le Pieux.

L'époque d'airain, depuis l'an 161 jusqu'au commencement du cinquième siècle.

Enfin l'époque de fer, depuis le cinquième siècle jusqu'à la naissance des langues néo-latines.

Il y aurait aussi une distinction à faire entre le latin vulgaire et le latin classique.

Le latin classique était à Rome ce que le langage académique est à Paris : une langue dans une autre langue. C'était le dialecte choisi par les patriciens, épuré par les poëtes et les orateurs. Soumis à des règles fixes et invariables, le latin classique devient une langue artificielle. L'impossibilité de changer ou de dévier de sa correction classique le mène rapidement à une mort inévitable.

Le latin vulgaire, qui se compose de tous les dialectes ombrien, osque, étrusque, celtique même, qu'il a absorbés, est plein de séve et de mouvement. Il se modifie continuellement, répondant aux besoins toujours nouveaux de ceux qui l'emploient. Il s'impose par la conquête en Europe, en Afrique, en Asie, et, lorsque le petit peuple qui l'a répandu dans tout l'univers recule anéanti, il garde encore le prestige de la victoire : il se transforme en Italie, en Gaule, en Espagne, en Portugal, et s'insinue assez dans les idiomes teutoniques qu'il n'a pu déposséder, pour laisser des traces de son passage.

L'origine du latin est assez obscure. On ne peut guère en parler sans risquer de se perdre dans les chemins glissants de l'hypothèse et de l'imagination.

Tout ce qu'on peut avancer de certain, c'est que cette langue est plus ancienne que celle des Grecs. Il est vraisemblable qu'à une époque très-reculée, des colonies aryennes occupèrent le sol de l'Italie et se mêlèrent à des peuplades ombriennes, tusciennes et étrusques.

Lorsqu'on étudie les plus anciens monuments connus de cette langue, on sent le travail d'un pénible enfantement, les suites d'une naissance laborieuse. C'est probablement à cause de cette origine multiple que le latin n'a jamais acquis la légèreté, la grâce et la lucidité de la langue grecque.

Polybe nous apprend que, 170 ans avant Jésus-Christ, c'est-à-dire du temps d'Ennius, la langue des Romains avait déjà subi tant de variations que le vieux latin n'était plus entendu, et que les plus savants comprenaient difficilement le texte des anciens traités conclus entre Rome et Carthage. Nous éprouvons aujourd'hui la même difficulté à l'égard des textes français du dixième siècle. Lorsque l'on compare Ennius à Cicéron, on ne peut s'empêcher de noter les sensibles progrès qu'elle fit encore, car il y a entre la langue d'Ennius et celle du célèbre orateur une différence à peu près semblable à celle qui existe entre la langue française du seizième siècle et celle du dix-huitième.

Depuis Auguste jusqu'à l'empereur Antonin le Pieux, c'est-à-dire pendant la période d'argent, un grand nombre de termes de la langue plébéienne passèrent dans la langue littéraire. C'était en même temps l'enrichir et la rajeunir.

Sous les empereurs, l'adulation crée de nouveaux mots, et les Romains devenus courtisans emploient fréquemment les mots de *divin* et de *céleste*, pour qualifier le souverain. Le mot *dominus*, qui, sous les consuls, signifiait propriétaire ou maître, sert bientôt à désigner un prince. Tibère repousse cette épithète comme injurieuse, mais Caligula veut bien l'accepter. Les chrétiens ne tardent pas à reprendre ce terme pour en qualifier la Divinité. De Dieu cette appellation descend aux saints, des saints aux papes[1], des papes aux évêques, des évêques aux abbés, et des abbés à tous les grands, ecclésiastiques ou laïques, du moyen âge[2].

Le substantif abstrait *majestas*, qui signifiait *grandeur* et *puissance*, prend le sens absolu de *majesté* et s'attache pour toujours à la dignité impériale.

Des signes de décadence commencent à se faire sentir, les mots employés jusqu'alors dans le style poétique passent dans la prose, et le goût des archaïs-

1. Il y a encore à Avignon la place des *Doms*, où se trouve le château des papes.

2. La forme masculine de *dominus* n'existe que dans *vidame* (vice-dominus) et dans *dom*, titre d'honneur que l'on donne à certains religieux.

La forme féminine *domina* s'est conservée dans *madame* (mea domina) et *madone* (mea domna). Un diminutif de *domina*, — le mot *dominicella*, — a glissé comme son père *dominus* sur la pente rapide des honneurs. Une *donzelle* au moyen âge était la jeune maîtresse, la jeune fille du manoir féodal; aujourd'hui *donzelle* appartient au langage familier et à la société légère.

Demoiselle, qui a la même origine, s'est maintenu jusqu'à présent dans un milieu respectable.

mes, c'est-à-dire des vieux mots tombés dans l'oubli, se manifeste de plus en plus.

Dans l'âge d'airain, les mots se détournent souvent de leur sens primitif : ainsi *credulitas*, qui dans Cicéron offre le sens de *crédulité*, devient synonyme de *croyance* sous la plume des auteurs ecclésiastiques ; *paganus*, équivalent du mot *paysan* ou de tout homme qui n'est pas soldat, prend l'acception de *payen ; hostis*, après avoir signifié *étranger*, prend le sens d'*ennemi*, etc., etc.

Une grande quantité de verbes, de substantifs et d'adjectifs nouveaux se forment, les adjectifs prennent une nouvelle terminaison et augmentent par conséquent de nombre ; ainsi non content du mot *dubius*, qui signifie *douteux*, on forge les mots *dubiosus* et *dubitativus*. Des mots qu'on retrouve dans les plus anciens textes latins et qui avaient disparu pendant les périodes d'or et d'argent, reparaissent dans la basse latinité : preuve évidente qu'ils étaient restés dans un langage parlé des plus vulgaires, langage populaire qui, si l'on en croit Scipion Maffei, aurait submergé à un moment donné la langue littéraire, et se serait lui-même épuré et transformé pour devenir cette délicieuse langue que nous nommons la langue italienne.

Les auteurs forment des mots éphémères, les diminutifs pullulent, les terminaisons des mots ne sont plus les mêmes qu'au siècle d'Auguste. Une foule d'adjectifs et de substantifs changent de flexion : *consortio* devient *consortium ; corporeus* devient *corporale*, etc., etc. Les mots se composent et souvent sans nécessité : au lieu d'*equalis* on trouve *coequalis;* au lieu de *precavi* on trouve *imprecavi*, etc. Des degrés de comparaison suspecte sont acceptés, les terminaisons des verbes s'altèrent, les adjectifs composés apparaissent, le sens des mots se pervertit de plus en plus. Les mots anciens repris prennent de nouvelles acceptions. *Fiscus* (fisc), qui voulait dire d'abord *panier*, prend la signification spéciale de panier dans lequel les collecteurs d'impôt mettent leur argent, puis le sens encore plus restreint de trésor particulier du prince, par opposition à *ærarium*, trésor public; le mot *famosus*, que l'on aurait traduit sous Cicéron par *tristement célèbre*, prend le sens de *fameux*, etc., etc.

Enfin, l'âge de fer survient. C'est le dernier degré de la décadence latine; c'est l'époque de l'irruption des barbares, de l'entrée des Wisigoths à Rome. A partir de 450, le mal fait des progrès rapides. Le latin se corrompt et s'altère avec une promptitude effrayante. Saint Sidoine-Apollinaire se plaint de cette triste décadence, et Mamert Claudien s'écrie : « Je suis prêt à faire l'épitaphe des sciences et des lettres. » Le découragement est profond, d'autant plus profond que le mal est irréparable. Le latin littéraire, qui entravait seul le triomphe du latin populaire dans les hautes classes de la société, est anéanti par l'invasion germanique. La vieille civilisation se meurt, des hordes presque sauvages lancent leurs représentants aux quatre coins de l'empire romain. La langue latine devient le manteau dont se couvrent toutes les pauvretés barbares; une désinence en *us*, en *a* ou en *um* dont s'affublent les termes les plus hétéroclites, sert de passe-port aux mots nouvellement forgés, pour entrer dans la langue des anciens maîtres du monde.

Je n'ai pas à raconter ici comment la langue latine s'est transformée ailleurs qu'en Gaule. Dans ce pays, elle y avait déjà pénétré avant l'arrivée de César. Au nombre des domaines de la Narbonaise, confisqués au profit des patriciens romains, on pouvait citer le parc de Pompée qui avait quarante milles de circuit. Pendant longtemps, la Provence est la seule partie des Gaules où l'on parle latin. Mais après la conquête de César, à peine l'entrée du Sénat est-elle ouverte aux Gaulois, à peine la condition de connaître la langue des vainqueurs leur permet-elle de prétendre à toutes les charges de l'État, que le latin se répand partout. Déjà, du vivant de Cicéron, ainsi qu'il nous l'apprend lui-même, la Gaule était pleine de marchands romains, et il ne se faisait pas une affaire que quelque Romain n'y participât.

Martial écrit qu'à Vienne les femmes et les enfants lisaient ses vers, et Pline se vante du même succès dans toute la Gaule. Les écoles publiques qui s'ouvrent à Autun, Besançon, Bordeaux, Lyon, Marseille, Narbonne, Poitiers, Reims et Toulouse, généralisent tellement l'emploi de la langue latine que Strabon est en droit de dire que les Gaulois ne sont plus considérés comme des barbares.

En effet, la latinité avait de tels interprètes dans les académies gauloises que les empereurs, soit par politique, soit par nécessité, y envoyaient étudier leurs enfants. Crispe, fils aîné de Constantin, passe quelques années à Trèves; Dalmace et Annibalien, petits-fils de Constance Chlore, suivent un cours d'éloquence à Toulouse.

Non contents d'avoir acquis la réputation d'excellents professeurs, les Gaulois voulurent obtenir le titre encore plus éclatant d'écrivains latins, et plusieurs d'entre eux, tels que Pétrone, Lactance, Ausone, Sidoine-Apollinaire et Sulpice-Sévère, atteignirent une célébrité méritée.

Le décret de Caracalla qui appelle les Gaulois aisés à exercer les fonctions de curiales, les rapports continuels du peuple avec les soldats, l'incorporation des soldats gaulois dans les légions romaines, le besoin perpétuel de recourir aux tribunaux, où toutes les causes se plaidaient en latin, les décisions des assemblées provinciales, rédigées aussi en latin, universalisent le langage des Romains.

Avant la fin du quatrième siècle, dit M. de Chevallet[1], le latin était, surtout dans les villes, la langue usuelle des hautes classes de la société et des femmes elles-mêmes. C'est en latin que saint Hilaire de Poitiers entretenait correspondance avec Albra, sa fille; Sulpice-Sévère avec Claudia, sa sœur, et Bassule, sa belle-mère; c'est également en latin que saint Jérôme correspondait avec deux dames gauloises, Hedebie et Algasie.

Le peuple des campagnes n'eut pas d'abord le même intérêt que les classes supérieures à rechercher la connaissance du latin; il lui était d'ailleurs fort difficile d'apprendre une langue aussi différente de la

1. *Origine et formation de la langue française.* Paris, 1853. 3 vol. in-8.

sienne; pour lui, il n'y avait ni maîtres, ni écoles de grammaire et de rhétorique. Ce ne fut que lorsqu'il entendit parler de toute part autour de lui la langue de Rome qu'il s'avisa d'essayer à la bégayer, stimulé dans cette entreprise par ce désir vaniteux qui pousse toujours les gens des classes inférieures à vouloir imiter ceux qu'ils croient au-dessus d'eux. A ce mobile vint s'en joindre un autre encore plus puissant, leur intérêt, qui enfin se trouvait en jeu par la nécessité de communiquer journellement avec les puissants et les riches qui avaient laissé le celtique dans un dédaigneux oubli, et ne connaissaient plus d'autre langue que celle qui convenait à un citoyen romain.

Ainsi, au deuxième siècle, saint Irénée est forcé d'apprendre le celtique pour faire entendre la parole évangélique au peuple de Lyon; au siècle suivant, une druidesse lance encore, dans la même langue, une prophétie à Alexandre Sévère, mais au quatrième siècle l'homme du peuple parle le latin, et ce qu'il en sait lui suffit pour se faire comprendre.

Cette universalité, qui causait tant d'orgueil aux Romains, menait la langue directement à sa perte. Lorsqu'une langue sert d'organe à tant de peuples divers, à tant de races opposées, elle perd en perfection ce qu'elle gagne en étendue. Elle ne pénètre pas les masses inintelligentes et cependant elle en subit les influences; elle s'use dans ce frottement perpétuel et elle ne polit pas ce qu'elle touche.

On peut être certain de ne pas se tromper, en affirmant qu'en dehors de la société lettrée, le latin parlé en Gaule devait se ressentir non-seulement des anciennes langues du pays conservées opiniâtrément dans les campagnes, mais aussi du langage des colons romains et de celui des soldats qui étaient loin d'être irréprochables, puisque pour les savants de l'époque le langage des camps, *castrensé verbum*, et les expressions militaires, *militaris sermo*, étaient remplis de barbarismes. On peut voir dans Cicéron, dans Quintilien et dans Aulu-Gelle le cas que ces auteurs font de la latinité gauloise.

La religion chrétienne, en se répandant partout, crée à son insu un langage nécessairement corrompu, puisque, pour être compris alors du peuple, il fallait composer des prières et des sermons dans un langage familier aux esclaves et aux pauvres. Cette langue usuelle, soumise à une foule d'altérations, défigurée par les prononciations les plus vicieuses, s'éloigne d'autant plus de la véritable langue qu'elle se parle dans des centres barbares. Ainsi, en Auvergne et dans la Belgique, où les idiomes indigènes n'ont jamais disparu, le latin est beaucoup plus corrompu qu'en Provence, où la civilisation romaine s'est implantée de bonne heure, et où par conséquent la langue conserve mieux ses formes littéraires.

De même que le miel varie de saveur, suivant la nature des fleurs qui prédominent, et, de couleur, suivant les lieux où il est recueilli, de même le langage rustique parlé en Gaule se rapprochait plus ou moins du latin vulgaire de l'Italie, selon la diversité des lieux, la nationalité des habitants et le degré de leur instruction.

Après l'invasion des Germains, surtout après la

chute de l'Empire, les altérations du latin augmentent sensiblement, les règles de la grammaire s'effacent, un pêle-mêle incroyable se produit, résultat inévitable de la décadence intellectuelle et politique de l'Empire, du mélange et de l'influence des barbares, de l'appauvrissement graduel des sources du savoir et de la grammaire, de l'influence toujours croissante du langage vulgaire au détriment de la langue littéraire, enfin des germes de transformation que le latin contenait en son sein.

Lorsque, en chimie, on mêle certains corps en dissolution, la liqueur se trouble et il se produit au fond du vase un composé insoluble qu'on appelle précipité. C'est par une sorte de phénomène analogue que la langue latine s'est métamorphosée. En tant que langue parlée, elle avait été assez puissante pour combattre avec succès le celtique et le gaulois, et même assez forte pour repousser la Germanie envahissante, mais elle finit par succomber à la corruption des écrivains de la décadence. Elle disparut insensiblement, au milieu des révolutions causées par l'irruption des barbares, laissant en Gaule, pour la représenter dans l'avenir, une langue rustique, faite à son image, pleine de séve et de ressources, et conservant pour elle, non-seulement le rôle de langue littéraire, mais encore l'heureux privilége d'instruire par ses exemples la jeunesse intelligente et choisie de l'univers entier.

CHAPITRE III

Influence gauloise.

C'est à la classe italique que se rattache la langue française. Fille du latin, un peu nièce du grec, alliée, comme nous le verrons, à des familles assez éloignées d'elle, la langue française se ressent du moment critique où elle naquit ; sa mère frappée de décadence résistait alors avec peine aux envahisseurs, et l'on peut dire d'elle ce que Joad disait de Jérusalem :

> D'où lui viennent de tous côtés
> Ces enfants qu'en son sein elle n'a point portés ?

Trois grands idiomes se partageaient l'empire des Gaules à l'époque où les Romains en firent la conquête :

1° L'aquitain, idiome analogue à la langue des Ibères, parlé dans tout le pays compris entre la Garonne et les Pyrénées.

2° Le celte, langue aussi célèbre que peu connue, dont l'écho très-affaibli serait, d'après certains savants, redit par les bas Bretons, et qui était parlé, il y a dix-huit cents ans, par les habitants du pays situé entre les frontières de la Belgique et celles de l'Aquitaine.

3° Le belge ou gaulois, qui établit son empire du

Rhin à la Seine et l'étendit ensuite de l'embouchure de la Seine à celle de la Loire, sur la côte de l'Océan, connu sous le nom d'Armorique.

Le celte et le belge ou gaulois formaient, dit-on, deux idiomes distincts, mais je suis porté à croire qu'il faut les considérer plutôt comme deux dialectes d'une même langue, que comme deux langues d'une même famille.

Ce qu'il y a de certain, c'est que langues ou dialectes, les différences étaient encore assez notables entre eux au cinquième siècle pour que Sulpice Sévère puisse affirmer qu'il était impossible de les confondre de son temps, alors que la Gaule avait subi tout entière l'invasion romaine.

L'aquitain, au contraire, différait complétement du celte et du belge. Cet idiome rappelait beaucoup la langue des Ibères de l'Espagne et tout porte à croire que le basque en dérive.

Nous avons peu de chose à dire sur la langue ibérienne des Aquitains. D'abord parce qu'elle n'a fourni que quelques mots isolés au fonds primitif de la langue française, ensuite parce qu'il y a un manque presque absolu de moyens scientifiques qui permettent d'étudier avec quelque certitude la nature de cette langue. Cependant on peut citer, avec plus ou moins de certitude, les mots :

Bis, dans le sens de noirâtre (pain bis) ;

Savate;

Truffe, dans le sens de moquerie;

Gourd (on dit encore les mains gourdes), qui a formé le verbe *engourdir*.

Nous pourrions en dire à peu près autant du gaulois, car notre connaissance de la langue gauloise est encore très-limitée, et les rapports qui existent entre les mots d'origine celtique et ceux d'origine germanique, sont d'un autre côté trop intimes, surtout lorsqu'on les retrouve transformés en bas latin, pour ne pas augmenter l'indécision qui règne en ces matières. Cependant, grâce aux travaux de Zeuss, l'affinité de la langue gauloise, avec les idiomes néo-celtiques a été mise hors de doute, et on retrouve soit dans le gaélique, soit dans le cymro-breton, des mots analogues à ceux qui nous ont été conservés par les auteurs latins (Ennius, César, Varron, Tite-Live, etc.). Parmi ces mots que les anciens nous ont transmis avec leur signification et qu'ils ont expressément cités comme gaulois, ce qui n'empêcherait pas qu'ils se retrouvent aussi dans les langues de la famille teutonique, nous pouvons indiquer :

Alouette (*Alauda*).
Lieue (*leuca*).
Alpes (*alpes* synonyme de montagnes élevées. En Kymri *alp* signifie roche escarpée).
Savon (*sapan*).
Arpent (*arepennis* ou *arapennis*).
Cervoise (*cervisia*).
Baron (*baro* ou *varo*).
Ambassadeur (*ambactus*).

Ces deux derniers mots sont curieux en ce qu'ils témoignent de la facilité avec laquelle les mots en vieillissant changent de signification et combien, en philologie, les deux extrêmes se touchent.

Baro, qui est peut-être d'origine germanique, mais que je crois cependant celtique, a d'abord voulu dire valet de soldat, goujat, puis mercenaire, dur au travail, homme fort; il entre avec cette dernière acception dans les langues romanes, acception qui s'amplifie de plus en plus, et on voit dans le même temps ce mot signifier : guerrier, mari, homme noble, vaillant, seigneur et enfin gentilhomme possédant une terre avec titre de baronnie.

Cette transformation dans le sens du mot existe aussi dans la nature des choses; on a vu, il y a soixante ans à peine, plus d'un soldat sans éducation devenir, grâce à son courage, baron de l'Empire.

Le mot *ambassadeur*, dont l'origine n'est pas plus certaine que celui de *baro*, et qui nous serait venu de l'Espagne au quinzième siècle, si l'on en croyait le savant M. Brachet, le mot *ambassadeur*, dis-je, a suivi la même carrière. Humble dans son origine, il a grandi et il est arrivé aux honneurs.

Sous les Gaulois, *Ambactus* était un esclave. Après avoir été mercenaire, puis serviteur militaire, il devint homme de condition libre, mais très-pauvre, au service des chefs gaulois (un mot italien, *ambascia*, qui signifie angoisse, peine, rappelle cet état voisin de la gêne et de l'infortune). Une fois homme de condition libre, on le voit tour à tour ou successivement homme de service, employé, chargé de mission et enfin représentant d'un souverain ou d'un peuple.

Les mots se ressentent de l'esprit de ceux qui les emploient, et ce n'est pas sans sourire qu'on retrouve une certaine analogie entre le sens primitif et le sens moderne d'*ambactus*, l'esclave des hommes et l'esclave des cours.

Ces transformations successives, qui donnent au mot une véritable vie, ne sont pas rares, et j'en citerai de nombreux exemples dans le cours de ces leçons.

Si le *valet* est devenu *baron* et l'*esclave ambassadeur*, nous verrons plus tard la courtoisie naître dans un parc aux bestiaux !

Autrefois *minister* signifiait *le plus petit*, et *magister le plus grand*. Le plus petit devait nécessairement servir le plus grand. Et, en effet, au moyen âge *ministre* était synonyme de *serviteur*, et *magister* synonyme de *maître* (magistrum). Le maître avait donc des ministres, aujourd'hui ce sont les ministres qui sont les maîtres.

Mais les noms gaulois et celtiques, conservés par les auteurs anciens, ne sont pas les seuls que nous connaissions. Je réunis avec intention les noms *gaulois* et *celtiques*, car, je le répète, il est impossible de distinguer aujourd'hui entre un mot d'origine gauloise et un mot d'origine celtique, par cette raison que nous n'avons aucun texte capable de nous initier aux différences plus ou moins grandes qui pouvaient exister entre ces deux grands dialectes.

On peut découvrir les éléments celtiques et gaulois dans la langue actuelle, en recherchant dans les idiomes néo-celtiques, c'est-à-dire dans les langues parlées actuellement et qui proviennent directement du celtique, des preuves d'une parenté incontestable avec les termes de la langue française qui ne proviennent ni du latin ni du grec.

Quand on voit, par exemple, que le mot *balai* n'existe que dans la basse latinité, c'est-à-dire à une époque où le latin avait subi l'invasion des barbares; que, d'un autre côté, on trouve qu'en bas-breton *balan* signifie *genêt*, qu'en irlandais *ballan* a la même signification, qu'en gallois et en écossais le même mot, avec des formes à peu près identiques, a la même acception, on est autorisé à dire que *balai* est un mot celtique ou gaulois.

La signification actuelle du mot *balai* n'est pas moins facile à expliquer; tout le monde sait qu'autrefois les balais se faisaient en genêt; à un certain moment, on a pris par métonymie le genêt pour le balai. En Provence, *genesta* est employé dans les deux significations, dans le Berry, *balai* signifie genêt, et en Angleterre le terme *broom* sert à désigner à la fois *genêt* et *balai.*

Les mots provenant du celtique expriment en général les idées les plus vulgaires. La raison en est bien simple. L'aristocratie gauloise, avec cette facilité merveilleuse d'assimilation qui distingue sa race, avait, comme nous l'avons vu, promptement appris la langue des vainqueurs. La classe ignorante, seule, ne pouvant user de la langue littéraire dominante, conservait dans son jargon ce que l'idiome paternel possédait de termes usuels en rapport avec les nécessités et les habitudes d'un genre de vie complétement opposé au raffinement des mœurs, aux finesses de l'esprit et à l'élégance des manières. De son côté, le monde lettré ne dédaigna pas de conserver dans son parler certains mots celtiques propres à exprimer des habitudes essentiellement rustiques, en usage dans les basses classes de la campagne ou des villes, et, par un entraînement analogue à celui qui nous pousse aujourd'hui à émailler notre conversation de mots empruntés aux langues étrangères, à la mode ou le plus souvent à l'argot des ateliers, de la bourse et des prisons, les Gallo-Romains employèrent des termes populaires, reflets très-caractéristiques des mœurs, des sentiments, des usages et des divertissements du peuple.

Il est fort difficile de donner une liste exacte des mots gaulois ou celtiques conservés dans notre langage. Un grand nombre de mots qui semblent en provenir pourraient, comme je l'ai déjà dit, tout aussi bien appartenir aux dialectes germaniques.

Ainsi, certains philologues seraient disposés à retrouver notre mot *chemise* dans le celtique (le kymri donnant *camse*, long vêtement, et le gaëlique ancien *caimis*).

D'autres rejettent la paternité celtique et font venir chemise de *hamidi*, *hemidi*, dont on aurait pu faire *chemidi*.

Enfin, quelques-uns pensent que la chemise, ayant été d'abord un vêtement en usage dans les camps. aurait bien pu être emprunté par les soldats des légions d'Afrique à l'arabe *qâmic*, qui signifie vêtement de dessous.

Il en est de même pour *cloche*.

Le mot *cloche* vient-il des dialectes germaniques ou du celtique?

Les langues dérivées du celtique, le kymri, l'irlandais et le bas-breton donnent *cloch*, *clog*, *cloc'h*.

Les dialectes germaniques offrent en haut allemand la forme *glocca*, en ancien scandinave, *klucka*; en anglo-saxon *clacge*.

Que décider? C'est bien le cas de dire ici : « qui n'entend qu'une cloche n'entend qu'un son; » car il est impossible d'indiquer, les formes celtiques et germaniques étant connues, la source à laquelle la basse latinité a puisé pour produire *clocca*, qui a servi de moule à notre mot *cloche*.

Ces deux exemples suffisent pour montrer avec quelle circonspection on doit agir, lorsqu'en philologie on veut résoudre des questions de provenance.

Cependant, il y a un certain nombre de mots qui ne laissent aucun doute sur leur origine, je citerai par exemple :

Alouette.
Arpent.
Bachelier. — Jeune homme.
Bagage.
Balai. — Genêt.
Banne. — Voiture.
Bar. — Fange, limon, d'où *barbotter*, *barbouiller*.
Baraque.
Baraterie. — Tromperie.
Baril.
Barrique.
Bassin.
Bec. — Nez.
Bêche.
Bétoine.
Bidet.
Bille.—Tronc d'arbre, d'où *billot*.
Bouge.
Bourdon. — Terme de musique.
Braies. — Culotte.
Bran.
Branche.
Brio.
Broder.
Brouet.
Bruyère.
Cabane.
Cabine. — Chambre de vaisseau.
Cabinet.
Cervoise. — Bière.
Chemin.
Chômer.
Claie.
Cormoran.
Couper.
Cruche.
Darne. — Tranche de poisson.
Dartre.
Dia. — Cri des charretiers.
Dorloter.
Dru.
Dune. — Monticule.
Dunette. — Partie la plus élevée de l'arrière d'un vaisseau.
Echine.
Galerne.
Garrotter.
Gober.
Goëland.
Goëlette.
Goguette.
Goguenard.
Gousset.
Grève. — Sable.
Harnais.
Houle.
Jarret.
Lais.
Lance.
Lieue.
Marne. — Terre blanche.
Pinson.
Pot.
Quai.
Râteau.
Savon.
Sornette.
Toque.
Truand.
Vassal.
Verrue.

CHAPITRE IV

Influence grecque.

J'ai indiqué dans les chapitres précédents, la place qu'occupe la langue française au sein de la famille indo-européenne. J'ai dit que cette langue provient presque entièrement d'un latin rustique, enrichi de mots empruntés aux idiomes barbares. Je me suis appliqué à déterminer la part que l'élément gaulois et l'élément celtique avaient prise à sa formation.

Je vais maintenant montrer l'influence que le grec a exercée sur notre langue.

La langue grecque est certainement entrée dans la composition de la langue française; seulement, il est impossible de dire exactement dans quelle mesure et de quelle manière elle y est entrée,[1] car les Romains eux-mêmes ont emprunté aux Hellènes beaucoup de mots qui leur manquaient, et il est plus que probable, pour ne pas dire certain, que c'est par le canal des Latins, plutôt que par un emprunt direct fait aux Grecs, que notre langue possède tant de mots tirés de la langue d'Homère. Une seconde difficulté vient se joindre à la première : dans les mots qui proviennent directement du grec, il faut bien distinguer entre ceux qui sont entrés comme par hasard, grâce à l'influence populaire, au début même de la formation de la langue, et ceux qui en font aujourd'hui partie, je dirai presque à l'état officiel, chargés du rôle important de déterminer avec netteté et précision la technologie scientifique. De ces derniers je ne dirai rien, car on en forge tous les jours, et, depuis le seizième siècle, où les médecins ont commencé à désigner les maladies, les drogues et tout ce qui s'ensuit, par des mots tirés du grec, l'hellénisme n'a pas cessé d'être en faveur auprès des savants. Mais entre ces mots artificiellement formés et les termes qui se sont glissés dans la langue presque à l'insu de ceux qui les employaient, il y a une distinction à faire. Les mots créés par l'érudition conservent une forme primitive qu'on ne peut confondre avec ceux que la langue française s'est assimilés. Autant ceux-ci sont devenus français, autant les autres sont restés grecs, et c'est pour ceux-là que la précieuse Philaminte pourrait s'écrier :

Quoi, Monsieur sait du grec! ah! permettez de grâce
Que pour l'amour du grec, Monsieur, on vous embrasse.

Quant aux mots grecs passés dans notre langue, sans l'intermédiaire du latin, ils ne sont pas aussi nombreux qu'on pourrait le supposer, malgré l'usage certain que les Gallo-Grecs faisaient de cette langue dans notre pays depuis l'an 599 avant Jésus-Christ, époque de la colonisation de Marseille par des Phocéens.

Les premiers mots qui pénétrèrent en Gaule sont dus à l'influence du Christianisme, qui se développa en Orient avant de se répandre dans l'Europe latine. On sait que les premiers livres chrétiens ont été rédigés en grec, et que l'Église romaine fit entrer quelques prières grecques dans sa liturgie, telles que le *Kyrie Eleison*, et l'antienne *Agios o Theos* qui se chante le vendredi saint.

Dans le midi, saint Irénée, second évêque de Lyon, écrivait en grec des instructions pour les femmes de son diocèse ; saint Césaire d'Arles invitait les fidèles à chanter les antiennes en grec, en attendant l'heure de ses sermons, et saint Jérôme nous apprend qu'en Gaule, les Aquitains se vantaient d'être originaires de la Grèce, et qu'ils en étudiaient la langue avec une singulière aptitude. Les empereurs favorisaient ce mouvement, et nous voyons Gratien entretenir, en 376, une chaire de langue grecque à Trèves. Enfin, comme preuve évidente de la propagation fort ancienne du grec dans notre pays, on peut citer les monnaies gauloises, où les mots sont gravés en caractères grecs.

Cependant, le grec, même en Provence, cessa peu à peu d'être l'idiome en usage, et il ne fut plus cultivé que comme langue littéraire. Toutefois, il était encore compris par les masses, puisque l'orateur chargé de prononcer l'oraison funèbre de Constantin le jeune parla en grec au peuple d'Arles, et qu'au sixième siècle, les Arlésiens composaient encore des proses grecques, qu'ils chantaient, nous dit saint Cyprien, dans leurs églises. L'étude de cette langue était du reste si approfondie à Marseille que le pape Célestin Ier avait fait venir de cette ville un helléniste pour qu'il lui interprétât une lettre de l'hérésiarque Nestorius.

Les événements les plus divers contribuèrent à entretenir le goût des classes élevées pour le grec. Signalons d'abord la renaissance littéraire du neuvième siècle. Les documents contemporains nous apprennent qu'à cette époque le grec était professé à Tours, à Metz et dans différents monastères, et que, lorsque Constantin VI dut épouser l'une des filles de Charlemagne, on vit, à la cour de cet empereur, l'ambassadeur Ellisée chargé, par l'impératrice Irène, d'apprendre à la jeune fiancée la langue et les usages de la cour byzantine.

Au dixième siècle, le triomphe des iconoclastes répandit dans toute l'Europe civilisée les prêtres persécutés, et nous savons qu'ils se fixèrent en assez grand nombre à Toul, où l'évêque leur permit de conserver la liturgie et les rites auxquels ils étaient habitués.

Enfin les croisades multiplièrent les rapports de l'Occident avec l'Orient, et le contact entre les Grecs et les Français fut trop intime pour que le langage de nos soldats, de nos pèlerins et de nos marchands ne profitât pas de ces expéditions lointaines.

Néanmoins, je le répète, l'influence de la langue grecque sur la langue française est bien plus littéraire que technologique, je veux dire que nous avons emprunté à la langue grecque bien plus de tournures de phrases, de locutions et d'idiotismes que de mots.

La langue a même conservé tant de métaphores dont le grec peut seul donner une raison satisfaisante qu'il faut bien y voir, selon le savant M. Duméril[1],

1. Voyez *Essai philosophique sur la formation de la langue française*, par M. Édelestand du Méril. Paris, 1852, in-8, p. 154. Le même auteur a fait précéder l'édition du roman de *Floire et Blanceflor* qu'il a donnée en 1856, d'une introduction remplie de faits intéressants.

d'anciennes versions littérales qui rendaient également le sens matériel des mots, et que le peuple a continué de répéter sans les comprendre.

En français comme en grec, *on assomme quelqu'un de son bavardage; on* lui *rompt la tête* et *on* lui *rend mille grâces; on roule un projet dans sa tête* et *on* en *sème le bruit*. On est *homme du peuple, d'une grande maison, d'un bon sang*, et *enflé de vanité. On donne des coups, on dort sur les deux oreilles, on pleure à chaudes larmes, on brode une histoire*, et *l'on couronne dignement un ouvrage*. C'est encore par imitation du grec que nous appelons un ivrogne un *sac à vin*, une querelle un *différend*, et une clef contrefaite une *fausse clef*.

Pour comprendre pourquoi l'on mouche une lampe, il faut savoir que le même mot signifiait en grec *mèche* et *narine*. On ne peut s'expliquer le non-sens proverbial *tendre comme de la rosée* que par le rapport fortuit qui se trouvait en grec entre le nom de la rosée et celui des agneaux qui viennent de naître.

On peut ajouter à ces rapprochements ingénieux quelques proverbes, tels que : tel maître tel valet, dans le royaume des aveugles les borgnes sont rois, la charrue devant les bœufs, il fait bon d'avoir deux cordes à son arc, etc., etc.

Quant aux mots grecs que peuvent nous avoir fournis les colonies grecques de la Gaule, on peut citer *golfe, se tapir, ardillon, osier, bourse, colle*, etc., etc. Les mots d'origine grecque que l'on peut attribuer aux influences religieuses sont *archevêque, évêque, chrétien, monastère, paroisse, église, diable, parole, blâmer, orphelin* et *épée*. On pourrait en citer d'autres, mais la difficulté que j'ai signalée plus haut est de savoir s'ils sont passés directement de la langue grecque dans la nôtre, ou s'ils nous sont arrivés au contraire tous latins dans les Gaules. Ainsi généalogiquement parlant, le grec *tronos* est le père du latin *tronus*, qui a engendré *trône;* le français *trésor* est fils du latin *thesaurus* et petit-fils du grec *thêsauros;* *crabe* descend du grec *charabos*, par son père le latin *carabus*, etc., etc.

Comme on le voit, le français a puisé aux sources grecques de différentes façons; il y a puisé directement et indirectement : directement par le contact des Gaulois avec les colons grecs; indirectement, par le latin qui en est tout imbu, par la société lettrée qui lui a emprunté à différentes époques de notre histoire, ses formes et ses idiotismes, enfin par l'érudition qui s'en est servie pour établir ses nomenclatures scientifiques.

CHAPITRE V

Influence germanique.

La langue tudesque, c'est-à-dire la langue des Teuts occidentaux, les Francs et les Allemands, s'est propagée dans les Gaules bien plus tard que le grec, et elle n'y a point laissé de traces moins profondes et moins caractéristiques.

Envahie au midi par les Visigoths, à l'est par les Burgondes, au nord par les Francs, la Gaule se trouva transformée en une véritable tour de Babel. Entre la Loire et le Rhin, on n'entendit plus parler que le francique. Ce langage des nouveaux conquérants se divisait lui-même en trois dialectes principaux :

Le ripuaire, au nord;

Le neustrien, à l'est;

L'austrasien, à l'ouest.

Le ripuaire et l'austrasien, langages des populations voisines des bords du Rhin, en contact perpétuel avec les peuples germaniques établis de l'autre côté de ce fleuve, se conservèrent intacts beaucoup plus longtemps et donnèrent naissance à un patois que parlent encore les habitants de ces contrées.

Le neustrien, au contraire, en honneur chez les Francs-Saliens, qui habitaient tout le pays compris entre la Scarpe et la Loire, d'un côté, la mer et l'Océan, de l'autre, le neustrien, disons-nous, au lieu de s'imposer aux vaincus, subit au contraire leur influence. La conversion des envahisseurs au Christianisme, l'importance de plus en plus croissante d'un clergé essentiellement gallo-romain qui considérait le latin comme sa langue officielle, la rédaction latine des lois barbares, furent autant d'obstacles au développement complet du francique dans cette partie de la Gaule. Cependant il ne faudrait pas tirer cette conclusion que le francique ait été complétement étranger à la décomposition de plus en plus rapide du latin. Les Francs de la Neustrie parlaient entre eux la langue nationale, c'était la langue du soldat, celle du juge, celle des chefs. C'était la langue de Clovis et de ses fils, de Charibert, de Clotaire Ier et de Chilpéric. L'influence est donc notoire et elle fut bien plus décisive lorsque les Austrasiens, grâce à Charles-Martel, l'emportèrent sur les Neustriens. C'est à dater de la prédominance qu'usurpèrent les maires du palais et l'établissement en Neustrie d'un grand nombre d'Austrasiens que le rôle du germanisme devient important. On sait que le héros de la race austrasienne, Charlemagne, composa lui-même une grammaire francique, et que son fils Louis le Débonnaire ordonna de traduire les Évangiles en tudesque. Le mélange des races était tel qu'un canon du concile de Tours, tenu en 813, ordonna aux évêques de faire traduire les homélies en langue rustique romane et en langue tudesque, afin que chacun pût comprendre ce que le prêtre disait. Cette disposition du concile de Tours, renouvelée au concile de Mayence, en 847, montre bien que les vainqueurs et les vaincus étaient à peu près en nombre égal. J'inclinerais cependant à croire que les Gallo-Romains étaient plus nombreux que les Francs, surtout si on observe que les Neustriens, malgré leur origine germanique, s'étaient assimilé les mœurs des vaincus et ne dédaignaient pas de parler leur langage, ce qui les faisait appeler Francs Latins en opposition avec les Austrasiens, que l'on qualifiait de Francs Teutons. La différence de langue qui avait fini par exister entre ces deux peuples, frères d'origine, n'avait pas peu contribué à les séparer violemment, et il en résulta plus d'une rixe sanglante. On raconte à ce sujet que Charles le Simple, petit-fils de Charles le Chauve, s'étant rendu sur les bords du Rhin pour avoir une conférence avec Henri l'Oiseleur, des jeunes gens qui étaient à la suite des deux princes furent, *selon l'habitude de ceux des deux pays*, tellement choqués de s'entendre parler les uns roman, les autres tudesque, qu'ils commencèrent par s'insulter de la manière la plus violente, et finirent par fondre les uns sur les autres, l'épée à la main, si bien qu'il y en eut plusieurs de tués, et entre autres Erlebald, comte de Castricum [1].

La dynastie carlovingienne unie, en sa qualité d'austrasienne, par le sang et la politique, aux princes d'Allemagne, conserva le tudesque comme langue officielle, à ce point qu'en 948, le roi Louis d'Outre-

1. Voyez De Chevallet, *Origine et formation de la langue française*, tome I, p. 30.

mer et l'empereur Othon Ier se faisaient traduire une lettre latine du pape Agapet, qu'ils ne comprenaient ni l'un ni l'autre. Peu de temps après, en 981, ce fut le contraire qui arriva, car, Othon II, empereur d'Allemagne, étant en conférence avec Hugues Capet, alors duc de France, pria Arnulfe, évêque d'Orléans, de lui servir d'interprète auprès du futur fondateur de la troisième race, qui ne comprenait pas le tudesque, malgré son origine germanique. A partir de cette époque, les princes d'Allemagne et de France, ne parlant plus la même langue, furent forcés d'entretenir les uns chez les autres des ambassadeurs polyglottes.

Une remarque intéressante à faire dans l'histoire de l'influence germanique sur la langue française, c'est que les traces de cette influence ont diminué de plus en plus, à mesure que nos mœurs, nos institutions ont accentué davantage leur origine méridionale. Peu à peu les mots empruntés au tudesque ont disparu de notre langue parlée. En effet, au moment où la fusion s'est opérée, les Germains ont introduit dans la langue en formation une certaine quantité de mots qui servaient à déterminer les usages, les coutumes, les mœurs, les costumes, les habitudes qui leur étaient propres. Lorsqu'une race disparaît en se mélangeant avec une autre race, dans des proportions telles qu'elle n'est plus qu'une minorité insignifiante, non-seulement elle n'impose plus les mots qui sont les signes distinctifs de sa nationalité, mais elle perd peu à peu les termes qui ne correspondent plus à l'état actuel de la civilisation. Il en a été ainsi chez les Germains ; leur esprit belliqueux, leur amour des combats avaient fait naître dans leur langue une foule de mots relatifs à la guerre, que les Gallo-Romains s'empressèrent de leur emprunter, au moment où ces termes exprimaient un ordre de choses en vigueur, mais qui tombèrent peu à peu en désuétude, à mesure que la féodalité, fidèle image des institutions germaniques, perdit de sa force et de son éclat.

La langue française a conservé *guerre*, *bannière*, *bouclier*, *carquois*, *flèche*, *dague*, *hallebarde*, *haubert*, *héraut*, *maréchal*, *pertuisane*, *sac* et *rapière*, mais elle n'emploie plus depuis des siècles les mots *beffroi* (dans le sens de tour roulante), *bretecque* (palissade), *bricole* et *espringole* (machines de guerre), *broigne* et *gamboison* (espèces de cuirasse), *cembel* (combat partiel), *drille* (soldat exercé aux manœuvres), *échalgaite* (compagnie de gens de guerre chargés de faire le guet), *eschac* (butin), *esparre* et *hansart* (javelot), *ribaud* (soldat d'avant-garde), *rondache* et *targe* (bouclier), *sahs* (coutelas), *brand* (sabre, nous avons conservé *brandir*), etc.

Une cause toute spéciale a d'ailleurs puissamment contribué à faire tomber en désuétude les dérivés des idiomes barbares qui ont concouru à la formation de la langue française. Comme l'a fort bien fait remarquer M. de Chevallet, dans toutes les langues, les mots persistent en général d'autant plus longtemps qu'ils ont à leur suite une famille plus nombreuse de dérivés et de composés auxquels ils ont donné naissance. Un mot qui n'est point accompagné d'un cortége de cette sorte, semble, pour ainsi dire, manquer de soutiens et d'appuis suffisants. Il se trouve comme isolé au milieu des autres mots de la langue, il est toujours le plus exposé à l'inconstance et au caprice de l'usage. C'est le cas où se sont trouvés beaucoup de dérivés celtiques et germaniques reçus comme des étrangers dans notre vocabulaire, au milieu des familles nombreuses de dérivés latins qui se sont accrus de siècle en siècle par les emprunts continuels que nous avons faits à l'idiome classique de Virgile et de Cicéron.

Si les mots d'origine germanique sont en petit nombre dans le vocabulaire de notre langue, comparés à l'immense quantité des mots latins, si l'influence francique sur nos formes grammaticales n'est guère plus considérable, ce n'est pas une raison cependant pour ne pas reconnaître l'action que les idiomes tudesques ont exercée sur la langue française. C'est par la prononciation germaine que le latin a été dénaturé, c'est d'elle que sont venues les plus notables différences par lesquelles les mots français se distinguent, dans leur forme et leur contexture, des mots latins correspondants.

En un mot, la langue française est un fruit du francique greffé sur le latin vulgaire.

Au dix-septième siècle et au dix-huitième, les guerres que nous avons eu à soutenir contre l'Allemagne et les rapports que font naître entre deux peuples voisins le commerce et l'industrie, ont augmenté notre dictionnaire de quelques mots allemands employés pour la plupart dans les casernes et au cabaret.

Sans parler du *reître* et du *lansquenet*, on retrouvera la vérité de ce que nous avançons dans les mots :

bivouac, blocus, blŏckhaus, chabraque, colback, flamberge, fifre, havresac, hourrah, loustic, obus, sabre, rosse, sabretache, schlague, vaguemestre, trinquer, brandevin, choucroute, cannette, gargote, kirsch, bonde, flèche, nouille.

M. Brachet, qui, dans son *Dictionnaire étymologique*, a classé les mots par provenance, cite encore les verbes : *valser, graver, estamper;* les termes : *babord, bahut, édredon, chenapan, gamin, chic, anicroche ;* les noms d'animaux : *élan, renne, hamster, brême;* les termes de minéralogie : *bismuth, cobalt, couperose, égriser, emberize, gangue, gueuse, glette, manganèse, potasse, quartz, spath* et *zinc.* Le mot *nickel* est suédois.

CHAPITRE VI

Influence orientale.

J'ai examiné dans les précédents chapitres la part que le celtique, le grec, le latin et le tudesque avaient prise à la formation de l'idiome national. Ce sont là, à dire vrai, les seules langues auxquelles nous avons emprunté les éléments de notre lexicographie. Cependant, à l'exception des mots que l'extension du commerce et la fréquence des voyages amènent dans notre langue, et qui proviennent quelquefois des contrées les plus lointaines, nous devons signaler un groupe assez considérable de termes empruntés à l'arabe, qui nous sont venus soit immédiatement, soit médiatement par l'entremise des Espagnols.

Cette influence orientale est due à l'occupation des provinces méridionales de la France par les Arabes musulmans. Depuis, les expéditions des croisades, et enfin, de nos jours, la conquête de l'Algérie, ont introduit parmi nous un plus grand nombre de mots qui sont au nombre de sept cents environ. L'arabe en compte à lui seul plus de cinq cents, le persan plus de cent, et le turc à peine soixante.

Ces mots peuvent se diviser en deux catégories bien

distinctes : les uns ont une physionomie caractéristique comme : *smala*, *alcohol*, *nargileh*, *sopha*, etc., etc.

Les autres ont perdu leur costume oriental et se sont tellement identifiés avec notre langue, qu'ils n'ont pas besoin de lettre de naturalisation pour être admis comme français. Je citerai, par exemple : *bazin*, *coton*, *cramoisi*, *baldaquin*, *chicotin*, *calotte*, *gabelle*, *ambre*, *sirop*, *zéro*, *chiffre*, *bouracan*, *taffetas*, *jupe*, *échec*, *mat*, *hasard*, *haras*, etc., etc.

Les mots qui se sont ainsi glissés dans la langue n'ont pas toujours conservé la même acception dans leur nouvelle patrie d'adoption. Ainsi *alcool*, qu'on devrait écrire *alcohol*, signifie en général poudre fine, et désigne en particulier la poudre d'antimoine, le *kohl*, que les femmes de l'Orient introduisent sous leurs paupières pour rendre l'œil plus brillant, et dont elles se servent pour prolonger la ligne de l'angle extérieur de l'œil. Cet usage, fort ancien, puisqu'on en retrouve des traces dans les momies d'Égypte, est signalé plusieurs fois dans la Bible. Jésabel, voulant se montrer à Jéhu dans tout son éclat, se frotta les yeux de cette substance, et Jérémie le prophète compara la nation juive à une femme qui cherche à éblouir par tous les artifices de la parure. « Que prétends-tu, dit le prophète, en te revêtant d'habits d'écarlate, en te parant d'ornements d'or, en déchirant tes yeux par le *fouk ?* » Le fouk est l'équivalent hébreu du mot arabe *kohl*.

Ce qu'il y a de curieux dans l'histoire de ce mot, c'est que les chimistes du moyen âge ayant donné à l'esprit-de-vin le nom d'alcool, par allusion à la subtilité d'une poudre très-fine, on a été forcé d'employer un autre mot arabe pour désigner ce que nous appelons *alcool*, dans la crainte de voir les Musulmans substituer la poudre d'antimoine à l'esprit-de-vin.

Notre mot *cramoisi* vient de *kermès*, insecte que l'on fait sécher, et qui, pulvérisé, donne une poudre d'un beau rouge.

Chicotin est une altération de Socotora, île qui produit la meilleure espèce d'aloès.

Calotte vient de *kaloutah*, qui désigne un simple bonnet autour duquel on n'a pas roulé la mousseline qui forme le turban.

On pourrait à propos de ces mots hétérogènes faire un bien long chapitre, je crois en avoir dit assez pour montrer la part qui revient à l'arabe, au persan ou au turc, dans la formation de la langue française.

Les lecteurs qui désireraient connaître la liste des mots français provenant des langues orientales, trouveront dans le *Dictionnaire étymologique des mots de la langue française dérivés de l'arabe, du persan ou du turc*, publié par A. Pihan en 1866, un guide assez sûr, mais dont il ne faut pas adopter cependant toutes les étymologies, l'amour de l'auteur pour les langues orientales l'engageant malgré lui à retrouver dans les idiomes de l'Orient l'origine de certains mots français qui n'en proviennent pas.

CHAPITRE VII

Formation de la langue française.

« Quand le latin, dit M. Littré, eut définitivement effacé les idiomes indigènes de l'Italie, de l'Espagne et de la Gaule, la langue littéraire devint une pour ces trois grands pays, mais le parler vulgaire (j'entends le parler latin, puisqu'il n'en restait guère d'autre) y fut respectivement différent. Du moins c'est ce que témoignent les langues romanes par leur seule existence; si le latin n'avait pas été parlé dans chaque pays d'une façon particulière, les idiomes sortis de ce parler latin, que j'appellerai ici régional, n'auraient pas des caractères distinctifs, et ils se confondraient. Mais ces Italiens, ces Espagnols et ces Gaulois, conduits par le concours des circonstances à parler tous le latin, le parlèrent chacun avec un mode d'articulation et d'euphonie qui leur était propre. De là vint la diversité, et de là se formèrent les quatre compartiments de langues, l'italien, l'espagnol, le provençal et le français... Les grandes localités qu'on nomme Italie, Espagne, Provence et France, mirent leur empreinte sur la langue comme la mirent ces localités plus petites qu'on nomme provinces. Et la diversité eut sa règle qui ne lui permit pas les écarts. Cette règle est dans la situation géographique qui implique des différences essentielles et caractéristiques entre les populations. Le français, le plus éloigné du centre du latin, fut celui qui l'altéra le plus; je parle uniquement de la forme, car le fond latin est aussi pur dans le français que dans les autres idiomes. Le provençal, que la haute barrière des Alpes place dans le régime gaulois du ciel et de la terre, mais qui les longe, est intermédiaire, plus près de la forme latine que le français, un peu moins près que l'espagnol. Celui-ci, qui borde la Méditerranée et que son ciel et sa terre rapprochent tant de l'Italie, s'en rapproche aussi par la langue. Enfin, l'italien, comme placé au centre même de la latinité, la reproduit avec le moins d'altération. Il y a, de cette théorie de la formation romane, une contre-épreuve qui, comme toutes les contre-épreuves, est décisive. En effet, si telle n'était pas la loi qui préside à la répartition géographique des langues romanes, on remarquerait çà et là des interruptions du type propre à chaque région, par exemple des oppositions du type propre à une autre. Ainsi, dans le domaine français, au fond de la Neustrie et de la Picardie, on rencontrerait des formations ou provençales, ou italiennes, ou espagnoles; au fond de l'Espagne, on rencontrerait des formations françaises, provençales ou italiennes; au fond de l'Italie, on rencontrerait des formations espagnoles, provençales ou françaises. Il n'en est rien; le type régional, une fois commencé, ne subit plus aucune déviation, aucun retour vers les types d'une autre région ; tout s'y suit régulièrement selon des influences locales qu'on nommera diminutives en les comparant aux influences de région. Il est bien vrai qu'il y a des lisières où le parler est mixte et présente des confusions de type ; mais justement ce sont des lisières, c'est-à-dire des territoires placés sur les confins de deux types. Ainsi, entre la langue d'oïl et la langue d'oc est une zone intermédiaire ; il en est une au pied des Pyrénées, entre le provençal et l'espagnol ; il en est une autre au pied des Alpes, entre le provençal et l'italien ; mais, loin d'infirmer le principe, ces zones le confirment, en montrant qu'il n'y a de types mixtes que là où il y a passage d'un type à l'autre.

« Cette régularité fait pressentir que le fait matériel, c'est-à-dire la latinité admise comme langue par les populations romanes, ne fut pas leur seul lien ; ou, si l'on veut, le fait matériel prouve qu'un même esprit les avait pénétrées profondément : et ceci est un des plus grands témoignages qu'on puisse donner de la force d'assimilation qu'eurent alors le génie latin et la civilisation latine. Pour quiconque se reporte en idée à l'officine d'où sortirent les langues romanes, et y voit les mots se forger, le cas disparaître, les conjugaisons se disloquer, la quantité prosodique des syllabes s'oublier, les vers métriques se défaire, les adverbes prendre une finale caractéristique, il semblera que c'est le chaos, ou du moins que chacune des populations romanes, taillant à sa guise dans ces dépouilles désormais abandonnées et faisant, comme il lui plaisait, son triage, devait ne se rencontrer jamais avec sa voisine dans l'admission, le rejet, la transformation des formes et des mots. Pourtant les choses se passèrent autrement; et, au grand étonnement de l'érudit, les mutations s'effectuèrent comme si un concert préalable les avait déterminées. Le champ des divergences était illimité; le point des rencontres était unique; eh bien, ce champ illimité, aucune des langues ne s'y engage; ce point unique, toutes s'y arrêtent. Voici en quoi il consiste essentiellement :

La réduction de la déclinaison latine;

La suppression du neutre;

La création de l'article;

L'introduction de temps composés pour le passé dans la conjugaison;

La formation d'un nouveau mode, le CONDITIONNEL ;

Le passif exprimé non plus par des désinences, mais par une combinaison du verbe ÊTRE *avec le thème;*

L'organisation des auxiliaires pour le service de la conjugaison;

La conception d'un nouveau type de l'adverbe à l'aide du suffixe MENT;

Enfin, quand ces langues vont puiser hors du domaine latin pour exprimer de nouvelles idées ou pour remplacer des termes tombés en désuétude, *l'adoption à peu près commune des mêmes mots*; cela est surtout remarquable pour les mots germaniques; ainsi, même dans le néologisme qui est à leur origine, les langues romanes concourent d'une manière frappante[1]. »

1. *Dictionnaire de la langue française*, par M. Littré, in-4. — Préface, p. XLVII, col. 1.

On a vu dans cette citation, les traits caractéristiques des changements qui séparent le latin des langues romanes qu'il a engendrées.

Toutes ces transformations sont claires, sauf la création de la réduction de la déclinaison latine, qui ne peut être bien comprise que par des personnes sachant le latin. Comme il m'est permis de supposer que tous mes lecteurs ne connaissent pas la langue de Cicéron, je m'arrêterai un instant pour expliquer ce qu'on entend par *réduction de la déclinaison latine.*

On appelle déclinaison en latin la récitation des six cas d'un nom, tant au singulier qu'au pluriel. Le cas, c'est-à-dire la forme différente que prend la terminaison d'un nom, indique, par cette terminaison même, les divers rapports que ce nom peut avoir avec les mots auxquels il est joint. La langue latine a six cas, appelés nominatif, vocatif, génitif, datif, accusatif, ablatif. Le nominatif et le vocatif se nomment *cas directs;* les autres, *cas obliques ou indirects.* Je ne saurais trop appuyer sur cette distinction capitale, sans laquelle il serait impossible de comprendre la grammaire française du moyen âge. Voici deux exemples de déclinaison :

CAS.	SINGULIER.		PLURIEL.	
Nom.	Domin *us*	Seigneur	Domin *i*	*les* Seigneurs
Voc.	Domin *e*	*ô* Seigneur	Domin *i*	*ô* Seigneurs
Gén.	Domin *i*	*du* Seigneur	Domin *orum*	*des* Seigneurs
Dat.	Domin *o*	*au* Seigneur	Domin *is*	*aux* Seigneurs
Accus.	Domin *um*	*le* Seigneur	Domin *os*	*les* Seigneurs
Abl.	Domin *o*	*par le* Seigneur	Domin *is*	*par les* Seigneurs

CAS.	SINGULIER.		PLURIEL.	
Nominatif	Hom *o*	*l'*homme	Hom *ines*	*les* hommes.
Vocatif	Hom *o*	homme	Hom *ines*	*ô* hommes.
Génitif	Hom *inis*	*de l'*homme	Hom *inum*	*des* hommes.
Datif	Hom *ini*	*à l'*homme	Hom *inibus*	*aux* hommes.
Accusatif	Hom *inem*	*l'*homme	Hom *ines*	*les* hommes.
Ablatif	Hom *ine*	*par l'*homme	Hom *inibus*	*par les* hommes.

Pour faire mieux saisir le rôle que jouent les cas dans la phrase latine, je donne ici deux séries de phrases, dans lesquelles tous les cas sont employés.

1er EXEMPLE.

Le Seigneur (nominatif : *Dominus*) est bon.

O Seigneur (vocatif : *Domine*), ta puissance est illimitée.

La miséricorde *du Seigneur* (génitif : *Domini*) est infinie.

L'enfant adresse sa prière *au Seigneur* (datif : *Domino*).

La mère prie *le Seigneur* (accusatif : *Dominum*) pour ses enfants.

On obtient *du Seigneur* (ablatif : *Domino*) la récompense de ses peines.

2e EXEMPLE.

Si *les hommes* (nominatif : *Homines*) agissaient avec justice, il n'y aurait rien à faire pour les juges.

Hommes (vocatif : *Homines*) ! que vous êtes peu de chose, même lorsque vous êtes grands.

Enfants *des hommes* (génitif : *Hominum*), jusqu'à quand aimerez-vous vos inquiétudes et vos chaînes?

La parole a été donnée *aux hommes* (datif : *Hominibus*) pour exprimer leurs pensées.

L'esprit de modération laisse *les hommes* (accusatif : *Homines*) dans l'obscurité.

Dans les plus grands *hommes* (ablatif : *Hominibus*), il reste toujours l'homme.

Comme on le voit, la terminaison du mot faisait en latin l'office que l'article remplit en français.

Cette variété de terminaisons latines s'était singulièrement réduite en roman (c'est-à-dire en ancien français), puisqu'au lieu de six cas, on n'en comptait plus que deux : le cas direct (nominatif ou subjectif) et le cas oblique (régime ou complétif), représenté le plus souvent par l'accusatif.

Le cas direct singulier était, sauf exception, distingué du cas oblique par un *s* final qui n'était à l'origine qu'un simple débris étymologique des mots de plusieurs déclinaisons latines, et qui finit par s'ajouter par analogie à beaucoup d'autres mots qui n'avaient aucun droit à l'avoir ; quant au cas oblique singulier, il se distinguait lui-même, non-seulement par l'absence du *s*, mais aussi par une forme plus allongée que le cas direct. Le cas direct pluriel n'avait presque jamais le *s*, mais le cas régime pluriel l'avait presque toujours. J'indiquerai la cause de ces singularités lorsque je m'occuperai de la grammaire.

En attendant, voici des exemples des mots de notre vieille langue qui proviennent des deux formes du même mot latin.

Cas direct.		Nominatif latin.	Cas oblique.		Accusatif latin.
Diex	*provenant de*	Deus.	Dieu	*provenant de*	Deum.
Homs ou on	—	Homo.	Homme	—	Hominem.
Coms ou Cuens	—	Comes.	Conte	—	Comitem.
Gloz	—	Gluto.	Glouton	—	Glutonem.
Sires	—	Senior.	Seigneur,	—	Seniorem.
Gars	—	Garcio.	Garçon	—	Garcionem.
Lere	—	Latro.	Larron	—	Latronem.
Patre	—	Pastor.	Pasteur	—	Pastorem.
Chantre	—	Cantor.	Chanteur	—	Cantorem.
Maire	—	Major.	Majeur	—	Majorem.
Moindre	—	Minor.	Mineur	—	Minorem.

Cette règle de la déclinaison à deux cas, qui a été suivie dans la langue écrite du moyen âge jusqu'à la fin du quinzième siècle, mais qui s'était perdue depuis longtemps dans la langue parlée, a créé, comme on le voit, deux formes de mots qui, d'abord complétement synonymes, ont fini, lorsqu'ils se sont conservés tous les deux[1], par prendre peu à peu une acception particulière, comme *chantre* et *chanteur*, *maire* et *majeur*, etc.

Il résulte de cette règle que les cas latins ont été remplacés dans notre langue par les articles, sauf le cas régime qui, par sa forme, n'avait pas besoin d'accuser son rapport de possession avec un autre mot. C'est ainsi que l'on disait, et que l'on dit encore par exception. Hôtel-Dieu (Hospitalis Dei) et Ville-l'Évêque (Villa episcopi) au lieu d'Hôtel de Dieu et de Ville de l'Évêque.

Je trouve dans un conte du moyen âge, le passage suivant, qui renferme la règle de la déclinaison à

1. Les mots formés d'après le cas direct latin ne se sont conservés qu'exceptionnellement, les écrivains vulgaires ayant pris plus souvent la licence d'employer les mots formés d'après le cas oblique, que ceux formés d'après le cas direct.

deux cas. C'est une conversation entre un seigneur et un manant.

« A cui es-tu? dit le grand personnage. — *Sire* (cas direct), je suis à mon *signor* (cas oblique). — Qui est tes *sires?* (cas direct). — Li *barons* (cas direct) me dame. — Qui est ta dame? — La fame (cas direct) mon *signor* (cas oblique). »

Aujourd'hui on dirait :

« A qui es-tu? — Seigneur, je suis à mon seigneur. — Quel est ton seigneur? — Le mari *de* madame. — Quelle est ta dame? — La femme *de* mon seigneur. »

Cet exemple suffit en ce moment pour donner une idée de la déclinaison à deux cas employée au moyen âge. Comme j'aurai d'autres exemples du même genre à donner dans le cours de ces leçons, je n'en dirai pas davantage ici sur ce sujet.

Quant aux autres transformations, signalées par M. Littré, et que j'ai soulignées plus haut, elles n'ont pas besoin de commentaire. D'ailleurs j'aurai lieu d'y revenir, lorsque je m'occuperai de la révision de la grammaire.

Je viens d'indiquer les causes principales de la transformation du latin en français ou plutôt en roman. Je dois ajouter que cette transformation s'est faite très-lentement, avec d'autant plus de lenteur que le latin fut longtemps encore, à l'exclusion de toute autre, la langue de ceux qui écrivaient, et que ce n'est qu'après avoir été longtemps bégayé que le nouveau parler vulgaire eut l'honneur d'être fixé sur le papyrus au moyen de l'écriture.

On ne trouve rien avant le huitième siècle qui puisse

éclairer le philologue sur la marche et les progrès du langage rustique. Encore ne possède-t-on qu'un fragment de glossaire des mots difficiles de la Bible avec la traduction des mots latins en langue vulgaire.

Un autre document non moins précieux, le premier et le seul du neuvième siècle, est l'acte du serment prêté à Strasbourg par Louis le Germanique, en 842.

Voici ce vénérable document, avec les mots de basse latinité correspondants, mis en interligne pour que l'on saisisse mieux le travail de formation.

Pro Deo amur et pro christian poblo et nostro
Pro Deo amore et pro christiano populo et nostro

commun salvament, d'ist di in avant, in
communi salvamento, de isto die in ab ante, in

quant Deus savir et podir me dunat, si
quantum Deus sapere et potiri me donat, sic

salvarai eo cist meon fradre Karlo,
salvavero ego hunc istum meum fratrem Karolum,

et in adjudha, et in cadhuna cosa, si cum
et in adjutatum et in quaque una causa, si cum

om per dreit son fradra salvar dist,
homo per directum suum fratrem salvare debet,

in o quid il mi altresi fazet; et ab Ludher
in eo quid ille mihi alterum sic faceret; et ab Luthero

nul plaid nunquam prindrai qui, meon
nullum placitum nunquam prendero quid, mea

vol, cist meon fradre Karle in damno
voluntate hunc istum meum fratrem Karolum in damno

sit.
sit.

Ce qui signifie :

« Pour l'amour de Dieu, et pour notre commun salut et celui du peuple chrétien, dorénavant, autant que Dieu me donnera savoir et pouvoir, je préserverai mon frère Karle que voilà, et par aide et par toute chose, ainsi qu'on doit, par devoir, préserver son frère, pourvu qu'il en fasse de même pour moi ; et ne prendrai jamais avec Ludher aucun accommodement qui, par ma volonté, soit au préjudice de mon frère Karle ici présent. »

Je ne donnerai pas le serment de Charles le Chauve, parce qu'il est en langue tudesque, et qu'il n'a, par conséquent, aucune importance pour l'histoire de notre idiome national. Les documents en langue vulgaire qui sont immédiatement postérieurs au serment de 842 sont : le *Chant de sainte Eulalie*, une vie de saint Alexis, une vie de saint Léger, une passion du Christ conservée à Clermont-Ferrand, et enfin le célèbre *Livre des rois*, fragment d'une traduction de la Bible, appartenant à la Bibliothèque Mazarine et publiée par ordre du gouvernement en 1841. De tous ces précieux débris, le plus intéressant est la cantilène en l'honneur de sainte Eulalie, découverte en 1837, dans un manuscrit de la bibliothèque de Valenciennes. Ce morceau est d'un siècle postérieur au serment de 842. Le voici avec une traduction en regard :

Buona pulcella fut Eulalia.
Bel auret corps, bellezour anima.
Uoldrent la ueintre li Deo inimi.
Uoldrent la faire diaule servir.
Elle n'out eskoltet les mals conselliers,
Qu'elle Deo raneiet chi maent sus en ciel,
Ne por or, ned argent, ne paramenz,
Por manatce regiel ne preiemen;
Neule cose non la pouret omque pleier,
La polle sempre non amast lo Deo menestier,
E por o fut presentede Maximiien.
Chi rex eret a cels dis soure pagiens.
Elli enortet, dont lei nonque chielt,
Qued elle fuiet lo nom christiien.
Ell' ent adunet lo suon element,
Melz sostendreiet les empedementz,
Qu'elle perdesse sa virginitet;
Por o s'furet morte a grand honestet.
Enz en l' fou la getterent com arde tost.
Elle colpes non auret, por o no s'coist.
A ezo no s'uoldret concreidre li rex pagiens;
Ad une spede li roveret tolir lo chieef.
La dommzelle celle kose non contredist.
Uolt lo seule lazsier, si ruouet Krist.
In figure de Colomb uolat a ciel.
Tuit oram que por nos degnet preier,
Qued auuisset de nos Christus mercit
Post la mort, et a lui nos laist uenir
Per souue clementia.

Eulalie fut bonne pucelle.
Elle avait beau corps, âme plus belle.
Les ennemis de Dieu voulurent la vaincre,
Voulurent la faire servir le diable,
Elle n'écouta les mauvais conseillers,
Qu'elle renie Dieu, qui demeure sus en ciel.
Ni pour or, ni pour argent, ni parure,
Ni menace royale, ni prière,
Ni aucune chose, ne put jamais plier [de Dieu.
La jeune fille (à dire) qu'elle n'aimât pas toujours le service
Et pour cela elle fut présentée à Maximien,
Qui était en ces jours roi sur les païens.
Il l'exhorte, ce dont ne chaut à elle,
Qu'elle fuie le nom chrétien.
Elle rassemble en elle-même toute sa force,
Elle aime mieux soutenir la torture
Que de perdre sa virginité.
Pour cela elle mourut à grande honnêteté.
Ils la jetèrent dans le feu, de façon qu'elle brûle tôt.
Comme elle n'avait aucune faute pour cela, il ne lui en cuit.
A cela le roi païen ne voulut se fier;
Il ordonne de lui ôter la tête avec l'épée.
La demoiselle n'y contredit.
Elle veut laisser le siècle, si Christ l'ordonne,
En figure de colombe elle vola au ciel,
Faisons tous l'oraison que pour nous elle daigne prier
Que de nous Christ ait merci
Après la mort, et à lui nous laisse venir
Par sa miséricordieuse clémence.

La cantilène en l'honneur de sainte Eulalie, qui renferme des éléments suffisants pour établir les progrès que la langue avait faits en un siècle[1], a été découverte en 1837 par M. Hoffmann de Fallersleben. Elle se trouve, comme je viens de le dire, dans un manuscrit de la bibliothèque de Valenciennes, qui provient de l'abbaye de Saint-Amand. Elle a été transcrite à la suite des œuvres de saint Grégoire de Nazianze; l'écriture est du dixième siècle et la langue dans laquelle elle est composée me paraît être contemporaine du manuscrit. Le texte est beaucoup plus clair, beaucoup plus français, si je peux m'exprimer ainsi, que le serment de 842, et il a fallu plus d'un demi-siècle pour opérer ce changement.

1. Je n'ai pas cru nécessaire de traduire en latin la cantilène de sainte Eulalie, comme je viens de le faire pour le serment des fils de Louis le Débonnaire; cependant, pour montrer combien le langage vulgaire se rapprochait encore du latin, je donne ici les quatre premiers vers de la cantilène avec une traduction interlinéaire latine:

Buona pulcella fut Eulalia.
Bona puella fuit Eulalia,
Bel avret corps, bellezour anima.
Bellum haberet corpus, bellior anima.
Voldrent la veintre li Deo inimi,
Voluerunt illam vincere illi Deo inimici.
Voldrent la faire diavle servir.
Voluerunt illam facere diabolum servire.

Les lecteurs qui s'intéressent à l'étude de ces monuments primitifs de la langue française, trouveront sur le cantique de sainte Eulalie, en particulier, une remarquable dissertation de M. Littré, que ce savant a insérée dans le tome II de son *Histoire de la langue française,* p. 270.

A partir du dixième siècle, les documents sont plus nombreux, bien que très-rares encore, mais on peut commencer à distinguer entre les deux langues congénères, la langue d'oc et la langue d'oïl.

La langue d'oc a été parlée au delà de la Loire, sous le nom de langue provençale, de roman du Midi, ou de langue limousine. Je ne m'étendrai pas sur l'histoire de cette langue, que les troubadours ont immortalisée. Je dirai seulement qu'elle se rapproche beaucoup plus que la langue d'oïl de la forme latine et que, comme langue littéraire du midi de la France, pendant une partie du moyen âge, elle a laissé beaucoup de documents précieux pour l'histoire et la philologie.

La cause de la décadence de cette langue a été parfaitement définie par M. Meyer. « Au nord, dit ce jeune savant, le dialecte de l'Ile-de-France a fait les mêmes progrès que la royauté à partir du douzième siècle; on le voit de plus en plus dominer les dialectes des provinces voisines, et bientôt les trouvères des pays environnants tiennent à honneur de l'employer de préférence au leur propre; donc, au nord, la langue littéraire est un dialecte qui a primé les autres. De même, en Italie, la langue littéraire, c'est le sicilien, puis, avec Dante, le toscan; en Espagne, le galicien ou portugais et le catalan, puis le castillan. Dans la France méridionale, rien de pareil; aucun dialecte n'a pu devenir langue littéraire en excluant les autres, parce que les diverses écoles de troubadours, florissant en Auvergne, en Limousin, en Provence, se faisaient équilibre; alors, tous les dialectes étant ainsi au même niveau, est arrivée l'invasion française, et l'égalité n'a point cessé, car, dans le même temps, toutes les écoles de troubadours sont mortes et tous les dialectes sont passés à l'état de patois. »

Il est difficile, lorsqu'on fait l'histoire d'une langue, de ne pas s'occuper en même temps des œuvres qu'elle a produites, car ces œuvres renferment l'expression exacte de ses développements successifs. On y suit les traces de sa formation, et on découvre à chaque pas les variations qu'elle éprouve, les corruptions dont elle souffre, les influences étrangères qu'elle subit, enfin les modifications essentielles que le temps imprime à son caractère propre.

La matière qui fait l'objet de ce travail est trop étendue pour que je puisse me permettre de me livrer à une étude si approfondie. Il serait, sans nul doute, fort intéressant de prendre par ordre chronologique nos bons auteurs français et d'étudier leurs œuvres au point de vue philologique. Mais cette étude, quelque utile qu'elle soit, nous entraînerait trop loin, et je ne peux qu'indiquer à grands traits les révolutions successives qui ont amené notre langue à l'état où nous la voyons aujourd'hui.

Je viens de donner les deux plus anciens spécimens de la langue vulgaire usitée jusqu'au dixième siècle, et j'ai dit un mot de la langue d'oc autrement appelée langue romane du Midi ou provençale.

Le terme *langue romane*, qui se trouvera souvent au bout de ma plume, a été employé différemment. Il a servi à désigner : 1° le latin rustique qui s'est propagé en Europe de l'an 500 à l'an 1000 ; 2° la langue provençale ou langue d'oc; 3° tous les idiomes parlés au nord de la Loire, entre le onzième et le seizième siècle.

C'est dans cette dernière acception que je l'emploierai ici.

Les textes que j'ai donnés plus haut ressemblent plutôt à du latin mal écrit et mal prononcé qu'à de l'ancien roman.

Dès le onzième siècle, cet âge des grandes compositions poétiques, on peut constater par la célèbre chanson de Roland les progrès rapides que la langue avait faits en un siècle. Je citerai, comme exemple, ce passage où Charlemagne, désireux de venger la mort de Roland, combat les Sarrasins et ne résiste aux coups de l'émir Baligant que par l'intercession de l'archange saint Michel :

Li amirals est mult de grant vertut !
Fiert Carlemagne sur l'elme d'acer brun,
Desur la teste li ad frait e fendut,
Met li l'espée sur les chevels menuz,
Prent de la carn grant pleine palme, e plus.
Iloec endreit remeint li os tut nut !
Carles cancelet, por poi qu'il n'est caüt,
Mais Deus ne volt qu'il seit mort ne vencut :
Seint Gabriel est repairet a lui,
Si li demandet : « Reis Magnes, que fais-tu ? »

L'Émir est moult de grand courage !
Il frappe Charlemagne sur son heaume d'acier brun,
Sur la tête l'a frappé et l'a fendu,
Lui met son épée sur ses cheveux clair-semés,
Prend de la chair une grande palme pleine, et plus.
En cet endroit reste l'os tout à nu !

Charles chancelle, pour peu il se laisserait choir.
Mais Dieu ne veut pas qu'il meure ou qu'il soit vaincu.
Saint Gabriel est apparu à lui,
Et lui demande : « Roi grand, que fais-tu ? »

Le latin rustique avait fait son temps, ce n'était plus la langue populaire, et, dès le commencement du douzième siècle, il n'était plus compris que par les gens d'église. Ainsi, au concile de Reims, tenu en 1119, l'évêque d'Ostie ayant exposé en latin aux prélats et aux autres ecclésiastiques le sujet de l'assemblée, le pape le fit expliquer en roman aux laïcs par Guillaume de Champeaux, évêque de Châlons.

Les traductions des livres saints commencent à paraître, et nous voyons, en 1199, le grand pape Innocent III blâmer la traduction du *Psautier*, des *Moralités sur Job*, des *Évangiles* et des *Épîtres*, que les habitants du diocèse de Metz lisaient avec ardeur.

Les prédicateurs sont les premiers à se servir de la langue vulgaire. On sait que saint Bernard l'employait dans ses exhortations religieuses de Clairvaux. Les sermons rimés en langue vulgaire, les vies des saints en vers français qui se lisaient dans les églises et surtout les mystères que l'on jouait en français dans l'intérieur ou au parvis des églises, contribuèrent au développement de la langue littéraire, d'autant plus que les sujets les moins propres au recueillement étaient traités par les prédicateurs, avides d'attirer l'attention populaire. C'est ainsi que très-souvent les sermons étaient farcis, c'est-à-dire mi-partie latins et français. L'importance de la littérature était déjà si grande que les ecclésiastiques prenaient pour thèmes de leurs sermons aussi bien une chanson française qu'un texte sacré. J'en citerai un exemple des plus curieux. Le cardinal Langton, chanoine de Notre-Dame de Paris et chancelier de l'Université, mort archevêque de Cantorbéry en 1228, prêcha un jour sur le couplet suivant :

Bele Alix matin leva,
Sun cors vesti et para,
Enz un verger s'en entra,
Cinq flurettes y truva ;
Un chapelet fet en a
De rose flurie.
Par Deu, trahez vus en là
Vus ki n'amez mie.

Le sermon, moitié latin, moitié français, prononcé par le cardinal était sur la sainte Vierge, et voici comment le vénérable prédicateur expliqua cette chanson. La belle Alix n'était autre que la vierge Marie; les fleurettes qu'elle rencontra dans le verger, où elle était entrée après s'être vêtue et parée, s'appelaient la Foi, l'Espérance, la Charité, la Virginité et l'Humilité; le chapelet de roses fleuries qu'elle se fit est une allusion à la couronne d'or de la reine des cieux. Enfin, le « Par Dieu, retirez-vous de là, » chose difficile à expliquer sérieusement, est une imprécation contre les hérétiques.

La langue du douzième siècle n'eut pas qu'à interpréter la pensée des prédicateurs plus ou moins facétieux, elle servit aussi aux poëtes de cette époque, aux auteurs de nos grandes chansons de geste et de nos poëmes du cycle breton sur la table ronde et Artus.

Au treizième siècle, on voit se continuer le mouvement littéraire du siècle précédent, que l'on peut considérer à juste titre comme l'âge classique de la littérature du moyen âge. On retouche les traductions faites précédemment, on rédige un grand nombre d'actes officiels en roman, et, grâce au développement de la langue nationale favorisé par saint Louis, on voit éclore de toutes parts poëmes épiques, didactiques et lyriques, élégies, pastorales et satires, contes et fabliaux, apologues et complaintes, histoire rimée, traités de physique et de géographie.

La langue se discipline peu à peu ; seulement l'expression est presque toujours au-dessous de la pensée, et c'est en ce siècle, plus qu'en aucun autre peut-être, que le français se charge de voyelles sourdes, de diphthongues épaisses et de consonnes discordantes. On peut faire remonter au treizième siècle l'usage excessif de l'articulation *ch*, de la diphthongue *oi*, de l'*e* muet et des voyelles nasales.

A partir du quatorzième siècle, la langue des deux siècles précédents est altérée par l'ignorance des copistes qui ne suivent que très-imparfaitement la règle des désinences particulières au cas direct et au cas oblique dont j'ai parlé précédemment. Ils commencent à unir le pronom possessif masculin au substantif féminin, et au lieu d'écrire *s'espée* (pour *sa espée*,) *m'âme* (pour *ma âme*), *s'amie* (pour *sa amie*), ils adoptent ces affreux solécismes *son épée*, *mon âme*, *son amie*. Faute de trouver des expressions pour traduire le sens des termes latins qu'ils rencontrent dans les textes, les traducteurs forgent des mots, ce qui fait dire, en 1365, à un auteur lorrain que, « per diseite des mos françois, » il est obligé d'écrire « lou romans selonc lou latin, » et, en effet, il traduit *iniquitas* par *iniqui-*

teit, *redemptio* par *redemption*, *misericordia* par *miséricorde* : tous mots d'origine savante, parfaitement reconnaissables et très-distincts des mots d'origine populaire[1]. C'est ainsi que s'ouvre à l'idiome moderne une source abondante dans les traductions d'auteurs anciens. Pierre Bercheure, le traducteur de l'historien Tite-Live, s'excuse de donner à la langue les mots *cohorte*, *colonie*, *magistrat*, *tribun du peuple*, *fastes*, *faction*, *transfuge*, *sénat*, *triomphe*, *auspices*, *augure* et *inauguration*. Nicolas Oresme crée la langue politique, et nous lui devons ces mots que nous n'employons que trop aujourd'hui : *monarchie*, *tyrannie*, *démocratie*, *aristocratie*, *oligarchie*, *despote*, *démagogue*, *sédition*, *insurrection*.

Ainsi, par un singulier phénomène, la langue s'éloigne du latin, au point de vue des règles grammaticales, à mesure qu'elle s'en rapproche par les emprunts qu'elle fait à son vocabulaire.

Malgré ces innovations, la langue du quatorzième siècle est très-inférieure à la langue des deux siècles précédents. Elle ne se ressent que trop des malheurs du temps, des invasions prolongées, du déchirement des partis, des soulèvements des classes pauvres contre les classes riches, enfin des éléments de discorde et d'abaissement, conséquences fatales d'une mauvaise politique.

La langue, comme le pays, se trouvait dans une singulière anarchie. Les écrivains ne suivaient

1. Voyez mon *Cours de langue française*, Histoire de la grammaire, etc., p. 80 et suiv.

plus les lois qui présidaient à ses origines, et ils ne savaient pas encore remplacer ce qui leur manquait par cette netteté de construction, ces ressources de l'article et bien d'autres combinaisons heureuses, grâce auxquelles le français a pu, un siècle plus tard, sortir triomphant de tant d'obstacles.

Les poëtes, par qui surtout se forment les langues, n'étaient, selon M. Leclerc[1], que des improvisateurs forcés d'obéir, pour être compris et goûtés, aux exigences du pays et du moment. Une langue abandonnée à tant de hasards ne pouvait avoir ni unité ni fixité.

Quand cette négligence dans l'art d'écrire n'est plus compensée par l'invention, la poésie française décline.

Un malheur de notre littérature naissante — et particulièrement de la poésie — est d'avoir été séparée par un intervalle de plus de trois siècles du jour où l'imprimerie vint aider les idiomes modernes à se fixer. Combien de vicissitudes le français n'eut-il pas à subir, favorables quelquefois, plus souvent nuisibles, depuis les essais de style ferme et grave, comme le poëme en l'honneur de Thomas de Cantorbéry, ou de style abondant et magnifique, comme le début de l'Alexandre, ou de style gracieux, comme nos plus anciennes chansons, jusqu'aux divers genres où se succèdent Guillaume de Lorris, Jean de Meun, Guillaume de Machau, Eustache Deschamps, Charles d'Orléans, Villon ! Les Italiens ont été plus heureux. Leur

1. *Histoire littéraire de la France au quatorzième siècle*. Paris, 1865, 2 vol. in-8.

langue, formée tout d'abord, mais plus tard que la nôtre, par de grands écrivains, lorsqu'il y avait déjà moins de chances pour qu'un idiome fût altéré et détruit, n'a point traversé, comme la langue française deux ou trois déclins et autant de renaissances ; destinée laborieuse, où les pères n'ont presque rien transmis à leurs enfants, qui ont eu chaque fois leur fortune littéraire à recommencer.

Le quinzième siècle est l'époque de transition où notre langue, jusqu'alors fidèle image de notre caractère, essaye de devenir moins changeante et paraît vouloir se soumettre à des règles fixes. C'est l'époque où la grammaire, de synthétique qu'elle était, devient analytique pour les substantifs. Les meilleurs écrivains rompent avec les règles anciennes et semblent même ignorer que la langue a possédé deux déclinaisons. Ils confondent le sujet avec le régime, le nominatif avec l'accusatif. La langue de ce siècle peut donc être considérée comme l'intermédiaire entre la langue[1] de Philippe-Auguste et de saint Louis, et celle de François Ier. En effet, vers le milieu du siècle, le français devient net, clair et précis, et ce qu'il y a de remarquable,

1. Voici un passage des psaumes de David, tel qu'il se trouve dans différentes traductions des douzième, treizième, quatorzième, quinzième et seizième siècles. (Voyez *les Quatre livres des rois*, etc., publiés par M. Leroux de Lincy, 1841, in-4. — Introduction, p. CXIV.) Nos lecteurs pourront ainsi se rendre compte des progrès de la langue au point de vue de la clarté et de la forme des mots.

Douzième siècle : Et iert ensement cume fust tresplantet de juste les ruisals des ewes, lequel sun fruit durrat en sun tens.

E la foille de lui ne decurrat; e tuit ceo que il ferat serrat fait prospre.

Treizième siècle : Et il sera si com arbre que plantée est juste le cours des eawes, lequel donra son fruit en temps sesonale.

c'est que les premiers auteurs qui l'ont rendu d'une lecture facile et agréable, n'appartenaient pas à l'université. En effet, Villehardouin, Joinville, Olivier de la Marche sont des soldats ; Antoine de la Salle, un gentilhomme courtisan; Comines, un diplomate, et Villon, à certain point de vue, moins que rien. C'est du reste parce qu'ils ne connaissaient pas les traditions latines que leur style est original, et que la finesse, l'exactitude et l'heureux choix de mots joints à une forme neuve et vigoureuse donnent à leurs productions une valeur, contestée, il est vrai, aux époques de réaction classique, mais incontestée dans un siècle comme le nôtre, qui n'a d'autre originalité que d'admettre, avec cette politesse particulière à l'éclectisme, les originalités des siècles précédents.

La Renaissance transforma la langue française, d'abord en remplaçant définitivement par des prépositions les rapports exprimés auparavant par les deux cas dérivés du latin, ensuite par la prononciation qui subit d'assez graves modifications, enfin par une telle exubérance de latinisme, d'hellénisme et d'italianisme qu'elle perdit en grande partie le caractère essentiel-

Sa foille ne cherra ; et totes choses qecunque il fera, tut dis en prosperunt.

Quatorzième siècle : Et il sera comme li fust, qui est plantés de costé le decourement des yaues, qui donra son fruit en temps.

Et sa fueille ne cherra pas ; et tout ce qu'il fera sera touz jours en prosperité.

Quinzième siècle : Et il sera comme l'arbre qui est planté jouxte le cours des eaues, qui son fruit donnera en tout temps.

Et sa fueille ne descherra ; et toutes choses que le juste fera, tous jours prospereront.

Seizième siècle : Il sera comme l'arbre planté le long des eaux courantes, qui rend son fruict en sa saison.

Les feuilles ne tomberont point ; et tout ce qu'il produira viendra à souhait.

lement gaulois que les auteurs de la fin du quinzième siècle lui avaient donné. En effet, ce que l'on inventa alors de mots hybrides et recherchés est incalculable. Le bon sens populaire finit heureusement par rejeter ce que la mode avait semblé vouloir consacrer. Le déluge avait failli tout renverser, mais, les eaux disparues, on s'aperçut que le terrain inondé s'était fertilisé. Tout ce que l'engouement et le caprice avaient créé disparut, tout ce que l'analogie et la nécessité avaient formé, resta. C'est ainsi que les mots *apostrophe*, *jurisconsulte*, *précellence*, *stratagème*, *analogie*, empruntés par les érudits aux langues anciennes, se sont maintenus, et que les termes *astorge* (sans colère), *amène* (agréable), *assuéfaction* (habitude), *apédente* (ignorant), *cérulé* (bleu de ciel), *équanimité* (égalité d'âme), etc., etc., se sont évanouis.

Si l'érudition classique de Ronsard, de du Bellay et de leurs émules ont enrichi nos lexiques de mots nouveaux, nos expéditions en Italie et l'alliance de Henri II avec Catherine de Médicis n'eurent pas moins d'influence. On créa un jargon italien, qu'Henri Étienne qualifiait de *courtisanesque*, parce qu'il était adopté par les gentilshommes *italianisés* de la cour de France. C'était à qui créerait le plus d'augmentatifs ou de diminutifs. On était *bellissime*, *doctissime*, *grandissime*, les femmes étaient *blondelettes* et avaient la *bouchette vermeillette*. Les oppositions les plus ridicules, telles que *terriblement heureux* ou *grandement petit*, se rencontraient à chaque instant sous la plume des écrivains à la mode. Le terme *courtisan* apparaît; je n'ai pas besoin d'ajouter que c'est à l'Italie que nous le devons. Les termes de guerre se transforment, on ne dit plus *chevalerie* mais *cavalerie*, *piétons* mais *infanterie*. *Embuscade* remplace *embûche*, *guet* et *écoutes* disparaissent pour laisser passer *corps de garde* et *sentinelles*. Enfin la cour prononce à l'italienne et l'on dit *coulour*, *paroure*, *honnour*, *désinvoltoure*, comme deux siècles plus tard les *Incoyables* (*Incroyables*) du Directoire devaient retirer le *r* à tous les mots.

Comme on retrouve ce peuple italien, mercantile mais artiste, peureux mais violent, crédule mais moqueur, dans tous les mots que nos pères lui ont empruntés pour désigner des mœurs et des usages qu'ils ne connaissaient pas.

Il est certain qu'un physiologiste n'a pas besoin d'être philologue pour attribuer aux Italiens les mots : *charlatan*, *bouffon*, *burlesque*, *saltimbanque*, *baladin*, *polichinelle*, *arlequin*, *gambade*, *entrechat*, *cabriole*, *caracoler*, *voltiger*, *batifoler*, *bamboche*, *attitude*, *désinvolture*, *carnaval*, *mascarade*, *panache*, *prestidigitateur*, *estrade*, *parade*, *supercherie*, *escroc*. Il n'y a qu'*espion* qu'on serait tenté d'attribuer aux Allemands.

Les historiens qui se rappellent le rôle que les Lombards ont joué pendant une grande partie du moyen âge n'auront pas de peine à reconnaître l'origine d'*agio*, de *banque*, *banqueroute*, *tontine*, *douane*, *tarif*, *sacoche*, *tirelire*, *sequin*, *ducat*, *piastre*, *pistole* et *tare*. Les succès des flottes génoisés et vénitiennes leur indiquent la provenance d'*escadre*, *escale*, *boussole*, *régate*, *frégate*, *félouque*, *barque*, *brigantin*, *galères*, *noliser*, *escale*, *bourrasque*, *lagune* et *bastingage*.

On n'a pas besoin d'avoir eu quelques aventures

dans les Apennins pour être persuadé que *bandit*, *brigand*, *bravo*, *condottieri*, *bravade*, *bravache*, *spadassin*, *sacripant*, *contrebande*, *embuscade*, *escopette*, *sarbacane*, *arquebuse* et *carabine*, proviennent bien des pays d'oultre-mont, comme on disait jadis.

N'est-ce pas le pays natal des *fioritures*, des *trilles*, de la *cadence*, de l'*ariette*, de l'*andante*, de la *barcarolle*, du *concert*, de la *cavatine*, de l'*opéra*, sans parler du *solfége*, de la *sonate*, de la *ritournelle*, de l'*oratorio*, de la *cantate*, de l'*adagio*, du *virtuose*, du *soprano*, du *ténor*, du *piano*, du *trombone*, du *piston*, du *violon*, du *violoncelle* et de l'*alto*. J'allais oublier le *solo*, l'*arpége*, le *bémol*, le *bécarre*, le *fausset* et le *fiasco*.

Enfin la partie de Michel-Ange et du Corrége enrichit notre langue des mots : *pastel*, *fresque*, *gouache*, *aquarelle*, *esquisse*, *estampe*, *burin*, *camée*, *palette*, *pastiche*, *calquer*, *caricature*, *costume*, *galbe*, *buste* et *cadre*, *maquette*, *mosaïque* et *médaille*, *arcade*, *archivolte*, *balcon*, *baldaquin*, *balustre*, *balustrade*, *belvédère*, *campanile*, *corniche*, *coupole*, *cimaise*, *façade*, *feston*, *piédestal*, *pilastre* et *stuc*.

Si les grands écrivains créent des mots utiles, comme *se gendarmer* et *enfantillage*, dus à Montaigne, ils en laissent échapper d'autres qu'il aurait été bon de conserver. Ainsi, *inexorable*, *inévitable*, *honoré*, *inespéré* et *invincible*, que nous employons encore, auraient dû nous faire garder *exorable*, *évitable*, *inhonoré*, *espérable* et *invaincu*. Quelques mots changent de sens : *coquette*, d'abord synonyme de bavarde, puis de femme très-légère, prend l'acception qu'on lui donne aujourd'hui; *prude*, au contraire, pris jusqu'alors en bonne part, exprime maintenant le défaut opposé à la qualité qu'il représentait autrefois. *Libertin* à cette époque avait une acception favorable. Le P. Bouhours écrit à ce sujet : « Libertin signifie quelquefois une personne qui vit à sa mode, sans néanmoins s'écarter des règles de l'honnêteté et de la vertu. *On dira d'un homme de bien*, ennemi de tout ce qui s'appelle servitude : il est *libertin*, il n'y a pas au monde un homme plus libertin que lui. Une honnête femme dira même d'elle, *jusqu'à s'en faire honneur :* je suis née *libertine.* Ces mots, en ces endroits, ont un bon sens et une signification délicate. ». J'ai tenu à donner ce passage pour que mes lecteurs, lorsqu'ils liront un auteur ancien, ne perdent jamais de vue qu'un mot est susceptible de bien des changements, et qu'à l'instar de ceux qui les prononcent, ils peuvent tomber des grandeurs dans l'obscurité, et de roturiers devenir grands seigneurs.

Des changements notables sont encore à signaler. D'abord la transformation des finales en *oi* que les gens de cour commencent à prononcer *ai.* Le peuple prononçait *rouene, allouet, venouet,* et les gentilshommes *reine, allait, venait,* comme aujourd'hui; les gentilshommes l'emportèrent, et ce fut bien. Quelque temps après ils voulurent aussi mettre à la mode cette façon de parler, si commune dans nos campagnes, *j'allons, j'aimons, j'avons,* mais on leur résista, et ce fut encore mieux.

C'est à partir du seizième siècle que certaines lettres considérées comme inutiles, puisqu'on ne les prononçait plus, disparurent de certains mots. C'est ainsi que le *s* et le *p* de *escripre* qui rappelaient le verbe latin *scribere*, furent élidés, et qu'on écrivit *écrire*. Je ne dois pas non plus passer sous silence l'emploi du *moi*, *toi*, *lui*, pour *je*, *tu*, *il*, l'adjonction du *t* euphonique entre deux mots, comme *aime-t-il* au lieu d'*aime-il* [1].

L'influence italienne dont je parlais tout à l'heure, disparut à l'avénement de Henri III, mais elle fut presque aussitôt remplacée par l'influence espagnole. Cette influence, beaucoup plus sensible dans les mœurs et dans la littérature, ne fut que passagère dans la langue, aussi ne lui devons-nous qu'une centaine de mots qui rappellent l'alimentation des Espagnols : *cannelle*, *caramel*, *chocolat*, *jujube*, *limon*, *marmelade*, *nougat*, *tomate*, *vanille*, *anchois ;* leur costume : *basquine*, *caban*, *chamarrer*, *galon*, *mantille;* leurs habitudes domestiques : *duègne*, *menin*, *laquais*, *alcôve*, *corridor;* leur amour pour les plaisirs : *sérénade*, *aubade*, *guitare*, *castagnette*, *régaler*, *sarabande*, *sieste*, jeux d'*hombre* et de *dominos*, *ponte;* et pour les fleurs : *jasmin*, *jonquille*, *tulipe ;* les denrées qu'ils trafiquaient : *cochenille*, *indigo*, *benjoin*, *mérinos*, *cigarre*, *tabac ;* et certains termes employés par leurs troupes de terre : *caserne*, *colonel*, *adjudant*, *escouade*, *diane*, *camarade*, *haquenée*, *caparaçon*, *cabrer*, *salade*, *espadon*, *incartade*, *algarade*, *capitan*, *matamore ;* et de mer : *mousse*, *embargo*, *embarcadère*, *débarcadère*, *arrimer*, *cabestan*, *pinte*, *récif* et *subrecargue* [2].

1. Voyez pour plus de détail mon *Cours de langue française*, Histoire de la grammaire, etc.
2. Voyez à ce sujet le *Dictionnaire étymologique* de Brachet,

Au dix-septième siècle, ce fut l'hôtel de Rambouillet qui voulut fixer le sort de la langue. Les beaux esprits qui avaient inventé un mot s'empressaient de le faire baptiser dans la célèbre chambre bleue, et on y acceptait les mots avec autant de cérémonie que l'on reçoit aujourd'hui à l'Institut un membre de l'Académie française[1].

Ce mot d'*Académie française* me fait souvenir que c'est précisément en ce siècle, c'est-à-dire le 2 janvier 1635, qu'elle fut fondée. « Il semblait alors que rien ne pouvait plus manquer à la félicité du royaume que de tirer du nombre des langues barbares cette langue que nous parlons... Que notre langue, plus parfaite déjà que pas une des autres vivantes, pourroit bien enfin succéder à la Latine, comme la Latine à la Grecque, si on prenoit plus de soin qu'on n'avoit fait jusqu'ici de l'élocution;... que les fonctions des académiciens seroient de nettoyer la langue des ordures qu'elle avoit contractées, ou dans la bouche du peuple, ou dans la foule du palais, et dans les impuretez de la chicane, ou par les mauvais usages des Courtisans ignorans, ou par l'abus de ceux qui la corrompent en l'écrivant, et de ceux qui disent bien dans

qui cite encore les mots : *savane, musaraigne, épagneul, pintade, basané, alezan, nacarat, albinos, case, calebasse, cassolette, manille, grandesse, baraque, bizarre, disparate, casuiste, bonbon, parangon, eldorado, transe, soubresaut, risquer, hâbler*. M. Brachet attribue aux Portugais les mots : *bezoard, bayadère, mandarin, caste, fétiche, auto-da-fé, chamade, coco, abricot* et *bergamote*.

1. J'ai consacré un chapitre spécial à la révolution opérée par les précieuses, dans mon *Cours de langue française*. Histoire de grammaire, p. 35 et suiv.

les chaires, ce qu'il faut dire, mais autrement qu'il ne faut [1]. »

Ce discours tenu par les fondateurs annonce clairement le but qu'ils se proposent, et on ne peut nier que l'Académie n'ait eu une certaine influence sur les destinées de la langue. Seulement, il ne faut rien exagérer, et les immortels qui siégent à l'Académie se trompent tout aussi bien que les juges d'un tribunal. Tel mot qu'ils repoussent reste dans la langue, tel autre qu'ils adoptent en sort malgré eux. Aussi l'étude comparative des six dictionnaires qui ont paru successivement en 1694, 1718, 1740, 1762, 1795 et 1835, témoignent et de l'heureuse influence que l'Académie exerce sur les salons et de l'influence non moins considérable des salons sur l'Académie. Chaque édition voit apparaître de nouveaux mots, qui avaient été rejetés précédemment, mais que la persistance de leur emploi rendait indispensables. Aussi l'Académie mettant de longues années à préparer une nouvelle édition de son dictionnaire, et tenant autant par la tradition que par l'âge de ses membres au goût ancien, il en résulte que son dictionnaire est déjà vieux le jour de sa naissance, puisqu'il ne se ressent aucunement de l'influence du goût nouveau. Mais ce parfum d'antiquité n'est pas à dédaigner, il offre de sérieux avantages, et si le vocabulaire officiel ne renferme pas de ces termes imagés que la mode crée et que l'usage consacre quelquefois, il ne contient pas au moins de

1. Voyez Pélisson, *Histoire de l'Académie française*. Paris, 1729, in-4, p. 19.

ces mots bâtards employés dans la conversation ou le style familier, qui brillent un instant comme une fusée, et s'éteignent tout d'un coup sans laisser des traces de leur passage.

La langue du dix-huitième et du dix-neuvième siècle est une langue réglementée et qui puise ses règles dans les plus grands chefs-d'œuvre de l'esprit humain. Mes lecteurs connaissent aussi bien que moi sa souplesse, et je n'ai qu'à citer des noms tels que Corneille, Racine, La Fontaine, Boileau, Molière, Pascal, Bossuet, Buffon, d'Alembert, Diderot, Montesquieu et Voltaire pour leur rappeler que la poésie et la prose, les sciences et les lettres, la philosophie et l'histoire, la jurisprudence et l'esthétique trouvent en elle un interprète aussi exact qu'élégant, aussi majestueux qu'énergique, aussi maniable que fécond.

CHAPITRE VIII

Des dialectes.

J'ai exposé dans les précédents chapitres toutes les péripéties par lesquelles notre langage a passé pour se constituer tel que nous le parlons aujourd'hui.

Je vais m'occuper maintenant de ce que l'on me permettra d'appeler les hors-d'œuvre du langage. Car on doit considérer comme tels, les études complémentaires qui concernent les dialectes et patois, l'influence de la langue française à l'étranger, les noms de lieux et les causes qui les ont produits, les noms de personnes et leur origine.

L'étude des dialectes et patois est très-instructive, car c'est par elle que nous pouvons constater et expliquer à la fois les diverses évolutions du langage.

On entend par dialecte, un parler particulier à une province qui ne diffère des parlers voisins que par des changements de prononciation et d'orthographe. Tant que les dialectes d'un même pays ont tous une valeur littéraire égale, et que les uns n'exercent pas sur les autres une prédominance quelconque, ils conservent leur qualité de dialecte; ainsi en Grèce l'ionien, l'attique, le dorien et l'éolien sont des dialectes, parce qu'aucun d'eux n'est devenu aux dépens des autres la langue du pays tout entier, et que chacun d'eux compte des chefs-d'œuvre littéraires, tels que l'histoire d'Hérodote en ionien, l'histoire de Thucydide en attique, les poésies de Pindare en dorien, etc., etc. Au contraire, dès qu'un dialecte devient par des causes diverses l'interprète spécial de l'autorité et de la littérature, c'est-à-dire de la force matérielle et de la force morale, ce dialecte se généralise peu à peu au détriment des dialectes parlés autour de lui, et il ne tarde pas à devenir une langue nationale, tandis que les autres dialectes tombent à l'état de patois.

Les patois sont donc des dialectes dégénérés subissant le triste sort des vaincus et se divisant eux-mêmes à l'infini en petits patois locaux.

Les dialectes de la langue d'oil à l'époque où il n'y avait pas de langue dominante étaient au nombre de trois principaux : le normand, le picard, le bourguignon.

Le normand parlé dans la Bretagne, le Maine, le Perche, l'Anjou, le Poitou et même la Saintonge, avait des limites assez nettement déterminées, ce qui n'empêchait pas, bien entendu, le pays limitrophe d'avoir un langage mixte qui tenait des deux dialectes voisins.

Le picard ne régnait pas qu'en Picardie, il s'étendait en Rethelois, dans le bas Maine, en Thiérache, et, avec des formes plus accusées, dans l'Artois, la Flandre et le Hainaut.

Le bourguignon était le dialecte du Nivernais, du Berry, de l'Orléanais et de la Touraine, du bas Bourbonnais, de l'Ile de France, de la Champagne, de la Lorraine et de la Franche-Comté.

Ces trois grands dialectes présentaient chacun des caractères fort saisissables, mais qui se modifiaient d'une manière sensible suivant les lieux où ils étaient employés, ce qui créait des nuances assez marquées pour former des sous-dialectes, presque aussi nombreux que nos patois d'aujourd'hui.

Le dialecte normand est, dit-on, plus ancien que le dialecte bourguignon, et celui-ci plus ancien que le dialecte picard, qui ne se serait formé que vers 1260; mais cette chronologie, qui me paraît exacte, n'est pas cependant démontrée d'une manière incontestable.

Les différences qui existaient entre les dialectes sont assez difficiles à saisir lorsqu'on n'a pas fait de la linguistique une étude spéciale. En général ces différences consistent dans la prononciation de certaines syllabes, dans l'usage permanent de certaines lettres et dans la terminaison des mots. Comme je ne puis entrer ici dans des détails qui me mèneraient trop loin, je me bornerai à donner une série de mots dans les trois dialectes, afin qu'on puisse juger des caractères propres à chacun d'eux.

LATIN.	NORMAND.	BOURGUIGNON.	PICARD	FRANÇAIS
Cadere	Cheir	Chaoir et Chaire	Quer	Cheoir
Venatio	Veneisuns	Venison	Venoison	Venaison
Sol	Soleus	Soloil	Solaus	Soleil
Cœlum	Cel	Ciel	Chiel	Ciel
Gula	Gule	Gole	Goule	Gueule

LATIN.	NORMAND.	BOURGUIGNON.	PICARD.	FRANÇAIS.
Monachus	Muine	Moine	Moignes	Moine
Bucca	Buche	Boiche	Bouce	Bouche
Bonus	Bueu	Boiñ	Boin	Bon
Bona	Buene	Boine	Bonne	Bonne
Dicebat	Il diseit	Disoit	Disoit	Disait
Faciebat	Il feseit	Fesoit	Fesoit	Faisait

Si je donnais un plus grand nombre d'exemples, on verrait que le dialecte normand est sec, grêle et maigre, tandis que les dialectes picard et bourguignon sont pleins, lourds, pesants et sonores. On a établi, avec plus ou moins d'érudition, des règles fixes, au moyen desquelles on peut reconnaître, sans hésiter, le dialecte d'un texte quelconque ; mais il faut se méfier de ces systèmes absolus, que nous n'avons point d'ailleurs à étudier ici.

Tout ce que l'on peut affirmer, c'est qu'on retrouve dans tous les dialectes une uniformité fondamentale, un fond identique avec des dissemblances de formes dues à des influences locales ; influences considérables, car les modifications et les changements subis par les langues, dans leur marche d'un point à un autre, sont en rapport avec la longueur de cette marche; et par conséquent augmentent ou diminuent d'intensité selon que les lieux s'éloignent ou se rapprochent du berceau où la langue est née. Ce sont ces influences géographiques qui ont multiplié les patois, et qui font, comme nous le verrons, que, dans un même département, dans un même arrondissement, les mêmes mots se prononcent d'une manière différente, et les mêmes choses sont désignées par des termes dissemblables.

Ces altérations phonétiques, fruits d'un irrésistible mouvement de décomposition, ont été étudiées par M. Littré avec autant d'érudition que de lucidité. J'emprunte au savant philologue le passage suivant que je me permets d'abréger pour ne pas dépasser les limites que je me suis tracées :

« Prenant, comme cela doit être, le latin pour point de départ, pour type auquel tout se rapporte, on reconnaît dans l'ensemble des langues romanes, à mesure qu'on s'éloigne, une série de dégradations. Là gît la cause pour laquelle les patois ne sont pas fortuitement répartis... Les patois sont des produits naturels et réguliers d'une vaste formation, produits que détermina, en lieu et place, le concours de la condition collective et de la condition particulière. Quels qu'ils soient aujourd'hui, quelque confusion qu'y ait apportée le défaut de culture, ils sont les vrais fils du sol qui les entretient encore. Les déplacer, ce serait troubler l'économie d'un système entier.

« J'ai dit ailleurs que le vieux français avait conservé, dans sa grammaire, une empreinte du latin plus marquée et, si je puis parler ainsi, plus primitive que n'avaient fait l'italien et l'espagnol. Cette proposition, je n'entends aucunement y porter atteinte quand je dis que l'italien représente mieux que le français la forme du latin; en garder plus facilement la grammaire, fut l'effet de circonstances politiques propres à la Gaule, où se conserva un reste organique de la déclinaison disparue dans les autres pays romans; en garder plus fidèlement la forme fut le privilége de la situation géographique et du contact avec la source elle-même. Les mots qui en découlaient, n'ayant qu'un court trajet à faire, ne subissaient, dans le voyage, que peu de frottement et d'altération; ou, pour mieux dire, et pour rendre à l'idée de distance et de trajet ce qu'elle signifie véritablement ici, les conditions ne changeaient que médiocrement d'un point à un autre, et c'est pour cela aussi que la langue latine, tout en obéissant à l'irrésistible mouvement de décomposition, ne se dépouillait qu'à peine de son vêtement et restait toujours reconnaissable. Quand elle passa en Espagne, de plus fortes différences l'assaillirent et la dominèrent; pourtant le nouveau milieu qui la reçut avait assez de ressemblance, dans le ciel et dans la terre, avec la contrée privilégiée d'où elle provenait, pour ne pas infliger au latin des contractions trop violentes et des remaniements trop impérieux.

« Mais il fallut franchir les Alpes et les Pyrénées; et alors un milieu moins clément, ou plutôt moins conforme à la plante exotique, agit avec plus d'énergie sur elle. Le provençal ne laisse plus aux mots leur ampleur primitive; il les resserre; il diminue la variété de leurs désinences. C'est le latin de ce côté-ci des monts, car c'est toujours du latin, et le fond est aussi intact que de l'autre côté; mais la forme en a été notablement modifiée. Le latin n'a pu supporter un si lointain déplacement sans prendre un autre air qui le rendrait étranger dans sa vieille patrie, s'il y reparaissait; il n'a pu changer de climat sans éprouver ce qu'éprouvent tous ceux qui en changent, c'est-à-dire une mutation dans sa constitution. Mais le séjour où les événements l'avaient conduit, quelque différent qu'il fût du séjour originaire, était adossé à ces montagnes dont l'autre versant voyait se dérouler les campagnes italiques, longeait cette Méditerranée dont l'autre bord était italien, et ne s'avançait pas à perte de vue dans les profondeurs de l'occident gaulois. Aussi la langue d'oc, malgré ses dissemblances, a-t-elle encore un certain aspect latin qui ne jure ni avec l'italien ni avec l'espagnol; la teinte latine est moins marquée sans doute, mais n'est aucunement effacée... On remarque, ce qu'il n'est pas superflu de noter, que les patois de cette région inclinent, aux Alpes, vers l'italien, aux Pyrénées, vers l'espagnol, comme le veut la règle des rapports en gradation.

« Maintenant le latin quitte définitivement les pays méridionaux... il arrive sur les bords de la Loire, il entre définitivement dans l'ouest et dans le nord. D'après tout ce que nous avons vu jusqu'ici, un si lointain voyage de la latinité ne se fera pas sans une nouvelle et grave modification. Non-seulement l'italien et l'espagnol ne peuvent arriver jusque-là, mais le provençal lui-même est empêché par la nature des choses de se propager dans ces contrées qui ne sont pas siennes, et avec lesquelles il n'aurait ni harmonie ni sympathie.... il faut donc que la langue, ainsi transplantée, reflète fidèlement les nuances d'un ciel et d'un sol nouveau ; la diversité est le résultat. Dans le roman du nord, cette diversité est la plus empreinte. L'extrême limite du latin, conquérant et assimilateur, est atteinte de ce côté, et aussi l'extrême limite de la mutation qu'il a subie. Ce n'est pas dans le vocabulaire et la masse des mots que gît la mutation; cela a été conservé sans plus d'altération ici que dans les lieux voisins du centre; mais les mots se sont contractés; des voyelles ont permuté ; et, si l'on n'en croyait que l'oreille, on s'imaginerait être hors du monde latin. Dans le sein même de la langue d'oïl, des gradations de même nature se font remarquer, et il est certain que le patois wallon, placé sur la frontière où commence la Germanie, est le plus dissemblable de l'original d'où tout est sorti[1]. »

L'absence de règles qui permettait à chacun d'écrire et de prononcer les mots à sa manière, ne fait qu'augmenter la difficulté, lorsque l'on veut étudier un dialecte, car ce qu'on prendrait volontiers pour un caractère distinctif de ce dialecte, pourrait bien être souvent le résultat de l'ignorance d'un copiste.

Un traducteur du Psautier « en laingue lorenne selonc la veriteit commune et selonc lou commun laingaige, » psautier manuscrit du quatorzième siècle, que nous conservons à la bibliothèque Mazarine (nº 798), dit à ce sujet : « Pour ceu que nulz ne tient en son parleir ne rigle certenne, mesure ne raison, est laingue romance si corrumpue qu'à poinne li uns entent l'aultre, et à poinne puet-on trouveir a jour dieu persone qui saiche escrire, anteir ne prononcieir en une meismes semblant menieire, mais escript, ante et prononce li uns en une guise, et li aultre en une aultre. »

Le résultat de ces prononciations diverses était de rendre les dialectes d'un même idiome si différents les uns des autres, que ceux qui les parlaient ne se com-

1. Voyez *Histoire de la langue française*, par Littré, t. II, p. 95 et suiv.

prenaient pas toujours entre eux, et qu'ils finissaient même quelquefois par se haïr. Dès le douzième siècle on trouve les traces de cette singulière inimitié, et pour ne citer qu'un exemple, je rappellerai que les moines de l'abbaye d'Andres en Boulonnais subissaient avec peine la domination de l'abbaye de Charroux dont ils dépendaient, parce que ce monastère était en Poitou, et qu'ils n'en comprenaient pas le langage ; inimitié causée, dit la chronique, par la différence des langues, *propter linguarum dissonantiam.* Plus tard, les dialectes suivirent la fortune du pays où ils étaient en honneur ; les ducs de Normandie et de Bourgogne, les ducs de Flandres, quelque grands seigneurs qu'ils fussent, n'étaient pas moins vassaux de la couronne de France, et depuis l'usurpation de Hugues Capet, Paris était devenu la tête de la féodalité, en attendant d'être la capitale du royaume. Le langage de la cour ne tarda pas à jouir du même droit de suzeraineté, et les trouvères qui n'employaient pas le dialecte officiel, si prêt de devenir langue nationale, s'excusaient de leur mieux :

> Ne cil ne sont bien appris ne cortois
> Qui m'ont reprist, si j'ai dit mot d'Artois,
> Car je ne fus pas norriz à Pontoise.

dit le poëte Quesnes de Béthune ; et le célèbre Jean de Meung, l'un des auteurs du roman de la *Rose*, ne va-t-il pas au-devant du même reproche, lorsqu'il écrit :

> Si m'escuse de mon langage
> Rude, malostru et sauvage ;
> Car nes ne sui pas de Paris,
> Ne si cointes com fut Pâris,

Mais me raporte et me compere
Au parler que m'aprist ma mere
A Meun quant je l'aloitoie.

Richard de Lison, dans le roman du *Renard*, avoue, sous l'empire de la même crainte,

Qu'il est Normandz; s'il a mepris
Il n'en doit ja estre repris
Se il y a de son langage.

Les patois sont donc aujourd'hui les représentants des dialectes. Imitant le latin qui s'était morcelé en italien, en espagnol, en provençal et en roman, le roman se morcela en normand, en bourguignon et en picard. A son tour, lorsque le roman devenu français acquit une influence politique et littéraire, une primauté reconnue, chacun des dialectes se morcela de nouveau en de plus petits idiomes qu'on appelle patois.

Toutes ces révolutions sont le fruit de transformations régulières, et, de même que le rayon solaire se décompose au travers du prisme en rayons lumineux de diverses couleurs, de même la langue se décompose en passant par les patois, en parlers provinciaux qui forment l'échelle chromatique des modifications matérielles et idéologiques, c'est-à-dire des modifications de forme et de sens que les mots subissent en changeant de localité, depuis le point de départ où ils prennent naissance jusqu'au point extrême où ils revêtent leur dernière transformation, de l'Italie jusqu'aux bords de la Meuse.

CHAPITRE IX

Les patois.

J'ai cherché à expliquer comment les dialectes s'étaient transformés en patois ; je vais m'occuper aujourd'hui de ces derniers, sur lesquels tout n'a pas encore été dit.

J'ai déjà fait remarquer que, semblable au voyageur qui perd ses forces à mesure qu'il marche, un mot, né de l'autre côté des Alpes, laisse peu à peu sur son chemin, à mesure qu'il avance vers le nord, quelques parties de lui-même.

Voici des exemples capables de faire comprendre la multiplicité des formes que revêt un même mot selon sa position géographique, formes très-utiles à connaître pour retrouver l'origine des mots.

Ainsi, *ostium* (porte) devient *us* et *uis* en provençal, *hus* et *us* en normand, *hu* en picard, *uche* en namurois, *ouh* en wallon, *vis* en genevois, *huis* en berrichon, dont le diminutif se trouve dans le roman du nord sous les formes *viket*, *wichesz*, *guichel*, *guichelet*, *guichet*, d'où le mot *guichetier*, synonyme de portier.

Ainsi, *fides* (foi) se transforme en *fe* (provençal), *fay* (Franche-Comté), *foué* (Berri), *fi* (picard et lorrain), et *foi*. Ainsi, *fidelitas* (fidélité) devient *fedeltat* (provençal), *feeltat* (catalan), *feauté*, etc., etc.

Ainsi *cavea* (du radical latin *cavus* qui signifie creux) a été employé sous les formes diverses de *caige* (bourguignon), *chaive* (wallon), *chaife* (Namur), *chaye* (picard), *gavi* (provençal), d'où un vieux diminutif français *gaviole*, *gœole* et *jaiole*, que l'on retrouve sous la forme *gaioule* (wallon), *geiole* (Hainaut), *gayole* (picard), que nous écrivons *geôle* (prison), et qui a fait naître le verbe *enjôler*, flatter, tromper quelqu'un, le captiver, c'est-à-dire le rendre captif.

Et voilà comment, grâce à ces formes multiples, conservées par les patois, on peut prouver non-seulement la synonymie primitive de *cave*, de *cage* et de *geôle*, mais encore expliquer par quelle série de transitions l'idée de *prison* a donné naissance à un verbe qui exprime si bien l'acte par lequel on circonvient une personne, on lui retire sa liberté morale, on l'emprisonne dans un cercle de pensées favorables à ses désirs.

En résumé, les mots subissent des altérations régulières qui consistent dans la contraction de certaines syllabes et la permutation de certaines lettres, voyelles ou consonnes[1]. Mais, en dehors de ces changements purement orthographiques, les patois ont le mérite, et c'en est un grand à nos yeux, de conserver beaucoup de locutions délaissées ou rejetées par notre langue officielle et qui l'enrichiraient beaucoup si elle les reprenait. La plus grande partie justifie sans doute le

1. Mon étude sur la permutation des lettres se trouve dans mon *Cours de langue française*. Histoire de la grammaire, etc.

dédain où ces locutions sont tombées depuis des siècles, mais si tous ces mots considérés comme inutiles ne méritent pas en effet de figurer dans le dictionnaire de l'Académie française, ils n'en sont pas moins dignes d'être conservés, car ils aident à retrouver la signification des mots qui ont changé de sens et servent à découvrir la valeur de certains termes employés dans les textes du moyen âge, mais qui ont disparu depuis.

Ainsi, on ne pourrait expliquer l'origine de *chaise*, qui vient du latin *cathedra*, si on ne savait qu'en Berry on change le *s* pour le *r* et qu'on dit *Masie* pour *Marie*, *mèse* pour *mère*, *pèse* pour *père*, etc. *Cathedra* ayant formé *chaire* (autrefois *chaiere*), *chaire* s'est altéré, d'après la règle de permutation que je viens de signaler, en *chaise*, et les deux mots ont conservé longtemps la même signification. Comme on appelait *cathedra* le fauteuil sur lequel s'asseyait l'évêque, et d'où il parlait aux fidèles, la chaire n'a pas tardé à désigner spécialement le siége épiscopal (*cathedra*, d'où le mot *cathédrale*, église où se trouve le siége épiscopal), puis la tribune élevée dans laquelle se placent les orateurs sacrés lorsqu'ils prononcent un sermon.

Il serait assez difficile de rattacher notre mot *radouber* (raccommoder) au *dub* anglais qui signifie *coup*, si nous n'avions dans les patois la série des sens représentés par ce vieux mot.

Dub, coup, ou plutôt *to dub*, frapper, a formé deux mots français : 1° *dauber*, qui a encore la signification de donner des coups ; 2° *adouber*, qu'on employait autrefois dans cette phrase consacrée : *adouber un chevalier*, c'est-à-dire le frapper du plat de son épée lorsqu'on l'arme, or un homme *adobé*, en wallon, est un homme qui a reçu des coups. Lorsqu'on frappe une chose, on la touche : *adouber* dans la langue des échecs a ce sens, et lorsqu'un joueur dit *j'adoube*, il indique à son adversaire qu'il touche une pièce pour l'arranger et non pour la jouer. L'idée de toucher quelque chose se lie étroitement à celle d'arranger, de réparer; or, *adouber* a été aussi employé dans ce sens. En parlant du comte de Charolais, blessé d'un coup d'épée à la gorge, Commines dit : « Et luy fut adoubé sa playe, qu'il avoit au col. » Enfin, comme *parer* qui a *réparer*, *adouber* eut la forme *radouber*, et nous trouvons encore dans le même chroniqueur ce passage, où l'illustre historien, parlant d'un guerrier, dit : « Son médecin le radouba. »

Aujourd'hui, ce ne sont plus les princes, mais les vaisseaux que l'on radoube.

Le normand *beluette* (quelquefois aussi *berluette*) qui veut dire étincelle ; le bourguignon *brelu*, appliqué à ceux qui ont mauvaise vue ; le berrichon *berlu*, qui signifie louche, et le verbe *berluter*, qui dans le même patois est synonyme d'éblouir, nous font comprendre ce que c'est qu'*avoir la berlue*. De même, nous saisissons mieux la valeur du terme *ébaubi* lorsque nous savons que *baube* signifie engourdi par le froid.

D'un autre côté, beaucoup de mots latins qui n'ont pas laissé de trace dans notre langue officielle, se retrouvent dans les patois : ainsi, *faule* (domestique), de *famulus ; come* (herbe touffue), de *coma* (chevelure) ; *nore* (bru), de *norus ; cremer* (brûler), de *cremare*, que nous retrouvons dans *crémaillère*, si ce mot ne vient pas du verbe grec *chrémastaï*, être suspendu; *hirsu* (velu), de *hirsutus*; *coffin* (cornet), de *cophinus* (panier); *poultre* (jeune cavale de 25 à 30 mois), de *pullitra*; *faseol* (haricot), de *phaseolus*, dont nous avons conservé le diminutif *faseolet*, que nous écrivons à tort *flageolet*, etc., etc.

On trouve aussi quelques expressions heureuses, comme *arantele* (*araneæ tela*) pour désigner la toile d'araignée; *arrider*, dans le sens de sourire à quelqu'un; *s'aramer*, synonyme de se mettre dans les branches; on dit encore que *le soleil s'arame*, lorsque ses rayons jouent dans le feuillage des arbres.

Les patois ont également conservé beaucoup de mots de notre langue dans leur ancienne acception. On dit encore *ouailles* pour *brebis*, et nous n'employons plus ce terme que dans un sens religieux. On *jonche* toutes les fois que l'on couvre la terre de *joncs*, et un *petit chapeau* s'appelle encore *chapelet*. Le chapelet était en effet autrefois un petit chapeau de fleurs, autrement dit une couronne. Bientôt le chapelet ne désigna plus que la couronne de roses placée sur la tête de la sainte Vierge, et lorsque chaque rose de la couronne virginale devint l'objet d'une prière, on prit l'habitude de désigner cette suite d'oraisons par cette locution : « dire son chapelet. »

Dans le même ordre d'idées, les Italiens ont leur couronne (*corona*) et les Espagnols leur rosaire (*rosario*).

Ce qu'il y a encore de curieux à étudier dans les patois, c'est la quantité de mots différents pour désigner un même objet. En Normandie, par exemple, M. Ed.

Duméril a relevé les noms de *pisli* (à Avranches), *pottin* (à Coutances), *moisson* (à Valognes), *friquet* (à Bayeux), *quilleri* (dans l'Orne), pour désigner le moineau. La bergeronnette est appelée, selon les localités, *hochequeue*, *branlequeue*, *baquone*, *baquoite*, *danchemare*, *batemare*, *batalesive et lavandière;* les Bretons l'appellent Petite batteuse d'eau (*kannerezig-aundour*).

Au point de vue littéraire les patois méritent aussi l'attention. Sans doute, comme le dit fort bien M. Littré dans son *Histoire de la langue française*, « un patois n'a pas d'écrivains qui le fixent, dans le sens où l'on dit que les bons auteurs fixent une langue, un patois n'a pas les termes de haute poésie, de haute éloquence, de haut style, vu qu'il est placé sur un plan où les sujets qui comportent tout cela ne lui appartiennent plus. C'est ce qui lui donne une apparence de familiarité naïve, de simplicité narquoise, de rudesse grossière, de grâce rustique; » mais il ne faut pas cependant conclure de là que le patois n'a rien produit et qu'il ne peut sous certaines plumes offrir des modèles pleins de charme et de grâce. Sans parler du jeune auteur de *Mireille*, je citerai Jasmin qui dans son patois, je pourrais presque dire sa langue romano-provençale, a écrit de si charmantes poésies. Comme exemple je donnerai la première strophe d'une pièce intitulée *l'Aveugle de Castelcuillier :*

Del pè d'aquelo haouto mountagno
Oun se pinquo Castel-Cuillé;
Al ten que lou poumè, lou prunè, l'amellé,
Blanquejabon dins la compagno,

Baci lou chan qu'on entendet
Un Dimècres mati, beillo de sent Jouzèt :
Las carreros, diouyou flouri
Tan bèlo nobio bay sourti ;
Diouyon flouri, diouyon grana
Tant bèlo nobio ba passa !
Et lou biel Te Deoun des pichous maridatges
Semblâbo parti des nuatges,
Quand, tout d'un cot, un grand troupèl
De fillos al tin frès, proupretos coumo l'el,
Caduno dambé soun fringayré,
Bènon sul bord del roc entouna lou même ayre ;
Et ressemblan achi, tan bezinos del ciel
D'anges catifoulès, qu'un Diou rizen emboyo
Per fa lous pellerets et nous pourta la joyo. »
(Jasmin.)

Au pied de la haute montagne
Où se dresse Castelcuillier,
Au temps où le prunier, le pommier, l'amandier
Devenaient blancs dans la campagne,
Voici le chant qu'on entendit soudain
Avant la Saint-Joseph, un mercredi matin :
Si belle fille va sortir,
Devraient fleurir, devraient grainer,
Tous les chemins devraient fleurir,
Si belle fille va passer.
Et le vieux *Te Deum* des petits mariages
Semblait descendre des nuages,
Quand voici qu'un essaim bruyant
De filles comme l'œil proprettes,
Chacune au bras de son amant,
Vient sur le bord du roc jeter ce chant de fêtes,
Et ressemble là-haut si près du firmament
A ces anges follets qu'un Dieu riant envoie
Pour danser sur nos monts et nous porter la joie.

Je pourrais citer aussi des noëls bourguignons, des chansons normandes, fort bien tournés et fort agréables à lire. Je me contenterai de reproduire ici une pièce de vers connue en Picardie sous le titre de l'*Orage*.

Ch'étouait dins chés keuds jours eq' laissiant tcher leurs fanes,
Chés blés i meurissouait' emmi chés camps tout ganes.
Pourpeinsant su min tchés, ej' poussois min roueyon;
Mais vlo qu'ein gros hernu kerrié pa l'veint d'amont
Buke ein keu qui randonn' jusqu'au fond d'chés vallées,
Et foet gambillonner chés bet's epaveudées.
Ches ab's i s'en n'emutt'nt, tout ch'bos i n'ein fremit,
Long temps dins chés montaign's ol' l'ouit qui brouit.
Tout s'coétit, pis pus rien. Tout o bouché s'n' haleine:
Chimentiere et luzets n' sont poent pus muets qu' el' plaine.
O diroet qu' tout attind, transi, guerlotant d' peur,
El débacle effreyab' qui vo foer' no malheur.
C'pendant chés laboureux ont beyé par derrière:
Ech' nuag' monte, i s' rétend, i s' gonfe. El veint d'arrière
Ess'flanke eddins, l' l'aok', dins des noërs tourbillons
El bahute ed' bistrac comme inn' pigné d'flacons.
El jour s'étoët foët veup'. Bondé d' grêle, ed teimpêtes,
Ech'hernu s'applontchoët, s'apponoët sus nos têtes.
O détèle au pus rade au mitan d' sin souyeion.
O démar' sins guigner, pour rattrapper s' moëson; [chin'tent
Chés k'vaus comm' des mahouais l' long d'ech k'min s'émous-
I teut' té ché cailleux. Comme ed'z épav's i bziu'tent.,
Tout d'in keu, in éclair comme inn' feuchile ed fu
Cop' chés nués d' bistinchint et vient frôler mes yus.
Ech tonnerr' buke et clake et s' trondel dins chés nuages;
El pleuve à gros battants tchet, clitchett' min visage.
In veudoise noërd ed poure, ed' graviers ramassés
Muche ech qui reste ed' jour, s'accoutre edsus chés blés,
S'y grinche et les tortingn', pis, comme aveu des t'nailles
Les dérache et dins l'air foët viroler chés pailles.
Ah! sus ch' qui n'ein restoët, des grèl's comme des molons
S'dégrink'tent ein clicotant et s' dékerk'tent a foëson!
J'ai vu, Pierre, oui; j'ai vu tous les pein's d'em' n'année
Ploutré's comme inn' grand' route ou bien écoulinées,
Chés ieux mordoëtt'nt chés riots, et d'ein bos d'tous chés camps,
Dins ch' fossé qui r'gordgeoët, seutoët ein gargouillant.
C'pendant j' rent' pa ch' corti, r'noyé jusqu'à m' casaque.
Vlo qu'in eut' coup d'hernu tout auprès d'm'i s'déclake:
J'beyais tout ébeubi; in plet d'fu d'in bleu roux
Tchet, clike et craque, ecliff' min gueudger d'bout in bout.

C'était dans ces chauds jours, que laissant tomber leurs fanes
Les blés mûrissaient parmi les champs tous jaunes;
Méditant sur mon sort, je poussais mon rayon (sillon),
Mais voilà qu'un gros orage, charrié par le vent d'amont,
Frappe un coup qui redonne jusqu'au fond des vallées,
Et fait trépigner les bêtes épouvantées;
Ces arbres, ils s'en émeuvent, tout ce bois, il en frémit;
Longtemps dans ces montagnes on l'entend qui bruit.
Tout se tient coi; puis plus rien. Tout retient son souffle.
Cimetières et cercueils ne sont pas plus muets que la plaine.
On dirait que tout attend, transi, grelottant de peur,
La débâcle effroyable qui va faire notre malheur.
Cependant les laboureurs ont regardé par derrière;
Le nuage monte, il s'étire, il se gonfle. Le vent d'arrière
S'y précipite, le secoue, dans de noirs tourbillons
Le balance, et l'éparpille comme une poignée de flocons.
Le jour s'était fait soir. Gonflé de grêles et de tempêtes,
L'orage s'approchait, s'épanouissait sur nos têtes.
On dételle au plus vite au milieu de son sillon.
On démare, sans regarder, pour gagner sa maison.
Les chevaux, comme des ensorcelés, le long du chemin s'émoustil-
Ils frappent les cailloux. Comme fous ils s'élancent çà et là. [lent;
Tout d'un coup un éclair, comme une faucille de feu,
Coupe les nues de part en part et vient frôler mes yeux.
Le tonnerre frappe, il éclate, il se roule dans les nuages;
La pluie à gros battants tombe, fouette mon visage.
Une trombe noire de poussière, de graviers soulevés,
Cache ce qui reste de jour; elle s'abat sur les blés,
S'y vautre et les tortille; puis, comme avec des tenailles,
Les déracine, et dans l'air fait tournoyer les pailles.
Ah! sur ce qu'il en restait, des grêles, comme des moellons,
Se jettent en cliquetant et se déchargent à foison.
J'ai vu, Pierre, oui, j'ai vu tout le labeur de mon année,
Aplati comme une grand'route et emporté par le torrent;
Les eaux mordaient les sillons, et d'un bout des champs,
Dans le fossé qui regorgeait, sautaient en gargouillant.
Cependant je rentre par le jardin, trempé jusqu'à ma veste.
Voilà qu'un autre coup de tonnerre tout auprès de moi éclate;
Je tombe tout ébaubi; une pluie de feu d'un blanc roux
Tombe, il clique, il craque, pourfend mon noyer de bout en bout.

J'ai dit tout à l'heure que les patois étaient très-nombreux, qu'ils variaient à l'infini, non-seulement d'un département à l'autre, mais même d'un canton à un autre canton. Il est donc impossible de les indiquer tous.

Nous signalerons seulement au sud de la Loire, c'est-à-dire dans le pays de l'ancienne langue d'oc :

L'auvergnat, le dauphinois, le provençal, le languedocien, le limousin, le périgourdin et le gascon.

Au nord de la Loire :

Le rouchi ou wallon (patois dans lequel les mots latins ont pris la forme la plus altérée qu'ils pouvaient recevoir dans les Gaules), le picard, le lorrain, le champenois, le bourguignon, le normand, le gallot ou patois de la haute Bretagne, le poitevin et le berrichon.

Dans l'impossibilité d'examiner chacun de ces patois en particulier ou d'établir une théorie philologique, au moyen de laquelle on pourrait distinguer tous les patois entre eux, je me contenterai de donner ici une phrase tirée de la parabole de l'Enfant prodigue, dans certains patois de France, tantôt fort rapprochés, tantôt fort éloignés les uns des autres, pour que l'on saisisse les flexions multiples qu'un même mot peut subir en passant par des gosiers différents.

Voici le texte français :

Un homme avait deux fils,

Dont le plus jeune dit à son père : mon père, donnez-moi ce qui doit me revenir de votre bien. Et le père leur fit le partage de son bien.

Jun' y avéve oun homme qu'avéve deux fils,
Et l' pu jône des deuss diha atoû s' pere : pere, duno me lu part do l'heritegche qui m' vint. Et i partiha s' bin inte l'eux deuss.

(Patois wallon des environs de Malmedy.)

In homme aveut deux fils,
Li pus jône des deux ly dit : pêre, diné m' çou qui m' vint et vola qu'ilz y fait leu pârteche.

(Patois de Liége.)

Inn hom avau deux fius,
El pus josne di a sin père : min père, doném chou ki peut m' revnir d' vos bins. Et ch' père lieus a fé l' partage d' sin bin.

(Patois de Cambrai.)

Ain homme avoüait deeux garchéons,
L' pus jone dit à sain père : main père, baillé m' chou qui doüo me r'v'nir ed vous bien et leu père leu partit sain bien.

(Patois d'Arras.)

Un homme avo deux fiu,
El pu jonne dit à sén père : doné m' part de men ben, et sén père l'a partagié.

(Patois de Carvin, Pas-de-Calais.)

Eun home avouoit deux éfans,
Don l' pu jeune di à sin pére : min pére, donême eche qui douoît m'arvenir ed vou bien. L' pére leu za fait l' partage ed sin bien.

(Patois de Saint-Omer.)

Un homme aveit deux éfans,

Dont le pu ptiot dit à sen pere : men pere, bayez-mei la part du bien qui m'rvient, et le pere leux en fit le partage.

(Patois du Bessin, arr. de Bayeux.)

Ou pere avot deux fils,

El pu june dit à sou père : dounez mo la part dou vot ben qui mou revinra; et lo père leu partogea sou ben.

(Patois du canton de Beine, arr. de Reims.)

C'étouoit in homme qu'aouoit deus affants,

V'la que l' pu jeune ai dit à sou père : y faut qu' vous m' donness tortout ce ç' qui m'ervié d' mou biey. L' père leuz ai don fait l' partache ed tortout ce ç' qu'il aouoit.

(Patois de Sommepy, arr. de Sainte-Menehould, Marne.)

Ein houm avout daoux enfants,

Et l' pus joune dit à soun peire : moun peire, d'neil min çu qu' det m' r'veni d' voute bien. Et lu peire louil en feist l' patage.

(Patois de Possesse, arr. de Vitry-le-François.)

In home avée dioux efeins,

Et l' pu dzoune di a son peuire : mon peuire, bailleume ç' que dze daye avaye d' voute bian. Et le peuire y eé feé tout d'in kéo ce partadze là.

(Patois de Courtisols, arr. de Châlons-sur-Marne.)

In homme avouat deus afants,

Dont ul pu junne y fait cestu demande à sou père : donnéme eus qui doi m'urveni d' voute ben. Ul père à stu demande li é donné sa part.

(Patois de Somme-Tourbe, arr. de Sainte-Menehould.)

Ein haume evo doux gacheneu,
Le pu jeune é di aï sou paire : mou paire, baillez mei ç' que du m' revené de not' bié.

(Patois des environs de Langres, Haute-Marne.)

In houme avo deux gaichons,
Dont lou pu jene dijt à son peire : mon peire, beillez moi ç' que dei me rvuni de vot bié. Et lou peire leux feit lou péertiège de son bié.

(Patois riceton, Aube.)

In homme avé deouz afants,
Dont eul pé joune y dit à son père : mou père, donnèmme eus qui dé m' eurvenin d' voute bien. Eul père ly y fait eul partage d' sou bieu.

(Patois du canton de Dommartin, arr. de Sainte-Menehould.)

Ain hom avouat deux garçons,
L' pu jeune y dit à sou père : mou père, dounême ç' qui m' ourvient d' vout bien. Et l' père li y partagié sou bié.

(Patois du canton de Sainte-Menehould.)

Oun oum avo deus' afans,
Don l' pè jaun di a s'père : mu père, bayo'm ç' qui do m' reveneu de vos bin. Et l' père les y f'gi l' partache de s' bin.

(Patois ardennais entre Neufchâteau et Bouillon.)

Ein homme avoit deus affons,
Dont l' pu tjone di à s' pére : mi pére, dennoum ç' qui det m' reveni d' vos biés. Et l' pére leux fgi l' partache de s' biès.

(Patois ardennais des bords de la Meuse, de Revin à Dinant.)

Ein hame éva dou gachons,

Lo pu jane d'jet é so pére : mo pére, beyem lè pé qè'do mérveni d'vot bin ; et lo père lozi pertéget so bin.

(Patois de Vaudemont, Meurthe.)

In home avo doux afans,

Lo pus jogne deheu é so pere : mo pere, beïom ci que me revenreu de vote bin. Et lo pere les y fit lo partege de so bin.

(Patois lorrain.)

In am avou dou fé,

Et lo pi jenne dehi di so père : mo père, denet mé let port de bé qué me revi, e so père li dené.

(Patois de Gerardmer, Vosges.)

In hanne aïvait doux fés,

Et lo pu juene diait ai son pêre : bayie me lai pait du bins que me revint, et son pêre y a bayé sai pait.

(Patois de l'arr. d'Altkirch, Haut-Rhin.)

In houme ava dou boubes,

A lo pu june dït à son païre : mon paire, bayie me pâs dy bain que me revint, et son père l'y baillit.

(Patois de Giromagny, Haut-Rhin.)

In homme avat dous boubes,

Lo pu jûne diji à son père : Père, ballie me la pâ de bin que me vin : a li patagi son bin.

(Patois de l'arr. de Lure, Haute-Saône.)

In homme aivoit doux guechons,

Lo pu jeune déjeut et sô père : bayet me let pettie de mo bie ; et l'y bayeut so pettège.

(Patois du canton de Vauvilliers, Haute-Saône.)

In home èvoi du gaichons,

Lou pu jeune dizit è son pare : pare, beillia me lâs bin qu'i doi évoipou me paa. É li eux f'zit lou peiteige d' sâs bins.

(Patois du canton de Vesoul, Haute-Saône.)

Ein homme aivot deux gassons.

Le pu jeune dit ai son pere : baillai mai ce que do me revenin de votre bien, et le pere lo pataigeai son bien.

(Patois du canton de Champlitte, arr. de Gray, Haute-Saône.)

N'houme aîva dou offants,

Dont lou pu juêne diset ai son père : pére, baillame c'qui me doit rev'ni de vouete bin', el lou pere liou fit le paithiaige de son bin'.

(Patois de Besançon, Doubs.)

Ein houme aivot deux renfans,

Le pu zeune das deux dié ai son pére : mon pére, dounez-moi ce que me revent de voute ben et qu'i m'en aile : chitôt le pére en fié le partaize et ly baillé sai part.

(Patois du Morvan, Nièvre.)

In houme avait deux fail,

Et le pus jéne dicit à son père : mon père, baillez me tout mon dret de voutre benn, et le père leux partagit son benn.

(Patois de Saintes, Charente-Inférieure.)

Un'hom' avîe dou afan,

E le pûs jaûne dissé à son paîre : mon paîre, baillaîs m' la pâr deux bien qu'i seux dain l'cas de pretendre, et l'paîre lour partagé son bien.

(Patois poitevin de Confolens, Charente.)

In houme ayant deux cheuts d'enfant,
Le deré des deux dissit coume ça à son cher pére de li partager la goulée de bin de soun héritage.

(Patois de la Rochelle, Charente-Inférieure.)

In houme avoit deux cheut d'enfant,
Don le pus jenne dicit à son père : mon père, baillez me le benn qu'i deus avoirt pre mon lot, et i leus fasit le partage de son benn.

(Patois de Marennes, Charente-Inférieure.)

Un homme avait deu gouya,
Don le pu jeune dissit à son père : mon pere, baillez meu ce que je dioui augere de voutre bien. Et le pere les y partagit son bien.

(Patois gavache de Monségur, arr. de la Réole.)

Un home avait deu ménages,
Le pu jeune d'entre s'eu dicit à son père : mon père, dounés mé san que deut me reveni de voutre bien. Et le père le s'y partagit son bien.

(Patois gavache de la Motte-Landeron, arr. de la Réole.)

Un houmé avês doûe enfans,
Et le pus jaûné dau doûe dissé à soun pére : moun pére, dounas me ce que deû me revenir de votre bé. Et le pére lu partagea soü bé.

(Patois des environs de la Valette, Charente.)

Yun homme avet deux enfans,
Le plus jeune dicit à son père : mon père, donnés me ma part du ben que j' dois aver, et le père fit keû partage.

(Patois angoumoisin d'une partie du cant. de la Valette, Char.)

Un omé avo dou éfan,

Et lou pu jauoné dauou doû dissé à soun paï: moun paï, baillame lo par daou bé qué me revé, et lou paï li partagé soun bé.

(Patois périgourdin du canton de la Valette, Charente.)

Un homè avio doux fis,

Dont lou pû djouné dicé à soun pay : maoun pay, donnês mé la part daôu bé que m'ey à révenîr, et lou pay lour partadgé soun bé.

(Patois de Nontron, Dordogne.)

Un homé ovio dous fils,

Doun lou pus tzoïné diguoit o soun païré : moun païré, douna mé so qué deou mé révéni de vostré bé, et lou païré lour foguet lou portatzé dé soun bé.

(Patois de Sarlat, Dordogne.)

Y avio u n' haumé qu'avio doûe éfan,

E lé pûs jouné disset â soun paîré : moun paîré, baillà mé la porcié deue bé qu'i podé preteindré, é lé paîré lour partagét soun bé.

(Patoïs limousin de l'arr. de Confolens, Charente.)

Un haumé oguet dous droleis,

Lou pus jauné de iis disset au paï : paï, boillas mé lo part de denado qué me revet, et au partiguet su bésugno entre ïs.

(Patois limousin de la Haute-Vienne.)

Un omé avio doux fis,

Doun lou pus jauné dissé à soun paï : dounas mé la part dé bé qué mé deu révénis, et lou paï lour fagué lou partagé de soun bé.

(Patois de l'arr. de Saint-Yrieix, Limousin.)

Ein home z'ayo dou garçon,

Le pu dzone digue mey son payre : moun payre, beila me le be que me guiou revenir. Le payre partadze son bé entre y.

(Patois du canton de Saint-Amant-Tallende, Puy-de-Dôme.)

Un homme ôbio dous fils,

Lou pu ziouve li diguet : mon païre, dounamme lo par del be que me diou reveni ; lou païre lour partexeit lou be.

(Patois d'Aurillac, Cantal.)

Un ôme abio dous fils,

Lou pu joube d'elis digue al païre : moun pero, dounas me la pourciou de be que me reben. Lou païre lour partagec lou be.

(Patois de Montauban, Tarn-et-Garonne.)

Un ouome obio dous effons,

Dount lou pus choube diguet à soun pèro : moun pèro, dounarme lou bé qua iou dube obure per mo part ; é el lour fosquèt lou partache de soun bé.

(Patois de Rodez, Aveyron.)

Un homme agut dus gouyatz,

Lou pu june dissut a soun pay : moun pay, baillé mé la pourtioun de boste bien que me rébén, et les y partaget soun bien.

(Patois de la Réole, Gironde.)

Un home qu'aougouc dus hils,

Lou caddet qu'eou digouc : Pay, baillats me la pourtioun qui 'em rebencq s'eou ben ; é lou pay eous partatgec lou ben.

(Patois gascon du Gers.)

Un homè abio dous fils,

Lé pus jouènè diguèc à soun payrè : moun payrè, dounats mé so qué me diou rèbèni de bostrè bè. Et lè payrè lour fèc lè partatgè de soun bè.

(Patois de la Haute-Garonne.)

Un ome abio dous fils,

É le pus jouen d'entr' elles diguec al paire : moun paire, dounamme la pourciou de be que m'apparte. É yous dibisec le be.

(Patois de Pamiers, Ariége.)

Un home tingue dos fills.

Y digue lo mes jove de ells al pare : Pare, daü me la part de be que me pertoca, y lis dividí lo be.

(Patois catelan des Pyrénées-Orientales.)

Un certain home ageg dous gougeats,

Et le pus joube digueg à son paire : Dounax me la pourtiou des bés que me pertoquo. Et le paire les lour debiseg.

(Patois de Foix, Ariége.)

Un certain home ageg dous gougeats.

Et le pus joube digueg à son paire, dounax me la pourtiou des bés que me portoquo. Et le paire les lour debiseg.

(Patois de l'arrondissement de Foix, du côté de l'Espagne.)

Un home aüec dus hils.

El més jouès d'aqueris disec à sou pay: papay, baillai m'éra pourtiou de be que m'atoco. Et sou pay l'y ac baillec.

(Patoïs de Saint-Girons, Ariége.)

Un hommé obio dous mainachés,

Et lé pus joubé diguéc à soun païré : moun païré, dounatz-mé la partido dal bé qué mé rébén. Et lé païré dibiséc lé bé entré sous dous mainachés.

(Patois de Carcassonne, Aude.)

Un homé abié dous fils,

Dount lou pus joubé diguet à soun païré : moun païré, dounas mé la part de bostre bé qué mé deu rébéni. Et lou païré d'âqueles éfans lour faguet lou partaxé de soun bé.

(Patois du Tarn.)

Un hommé abio dous effans,

Lou pu jouiné d'éntré élés diguet à soun païré : moun païré, bailat me la pourtiou dai bé que me reben. Et lou païré partaget soun bé à sous effans.

(Patois d'Agde, Hérault.)

Un home abio dous éfans,

Lou pus jouine diguèt à soun pèra : moun pèra, douna me la part de bostre biande que me coumpeta. Et lou père ye partaget sa bianda.

(Patois de Lodève, Hérault.)

Un hommé aviés dous enfans,

Lou pu jouiné diguet à soun pèra : moun pèra, douna mé lou ben qué mé déou révéni per ma par. É el yé faguet lou partagé dé soun bén.

(Patois de Montpellier, Hérault.)

Un omè abio dous fils,

Lou pu geouve d'aquélei diguét à soun pero : moun

pero, douno mi la part del bé che (prononcez *ké*) mi deou veni. Ensi lou pero li divisét soun bè.

(Patois de la Lozère.)

Y aviot un homme qu'avio dous garçous,

Lou plu djoueine diguet à soun païre : païre, beila me ma part d'aquo que diou me revegnir. Et lou païre partadjet soun bè à sous efons.

(Patois du Puy, Haute-Loire.)

Un homé avio dous fis,

Doun lou pu gieuiné diguet à soun pèro : moun pèro, donna mé lou bé qué me déou révéni per ma part. E liour fague lou partagé de soun bé.

(Patois de Privas, Ardèche.)

Quoqu eyants dous afans,

Lou plus jieune disseguait à soun peire : peire, baillais me ce que me revaindriot de vostre successio. Et lou peire li mépartissait soun biein.

(Patois d'Annonay, Ardèche.)

Un homë avié dous garçouns,

Et lou cadé dighé à soun péro : moun péro, beïla mé la par que deou me révéni de vosté ben. Et lou péro yé partagé soun ben.

(Patois de Nîmes, Gard.)

Un ômë avié doux efans,

Lou pu jhouiné dighé à soun përo : moun përo, baila më la par daoü bën që më dêou rëvëni. E lou péro iëus partighe lou bën.

(Patois d'Uzès, Gard.)

Un omë avié dous éfans,
Lou pus jhouiné diguet à soun pero : moun pero, donna mi so që mi deou reveni de voste bë. É lou pero lus fagué lou partagë de soun bë.

(Patois d'Alais, Gard.)

Un pérë avié dous garçons,
Lou pus jhoûvë dës dous diguët à soun pérë : moun pérë, donnat mï la par que mï ven de voste bë. E lou pérë la ly dounët.

(Patois du Vigan, Gard.)

Un homo avié dous enfans,
Lou plus jouiné diguet à soun péro : moun péro, douna mi ce que deou mé revenir de vouestre ben. Et lou pèro faguet lou partagi de soun ben.

(Patois de Marseille, Bouches-du-Rhône.)

Un hôme avie dous enfans,
Lou plus jouven diguet â soun païré : moun païré, dounai mi ma part de vouestre ben. Et lou païré partisset soun ben.

(Patois du quartier Saint-Jean à Marseille.)

Un homé avié dous enfans,
Lou plus pichoun diguét à soun païré : moun païré, dounas mi ce qué mi reven de vouastré ben. Lou païré faguét lou partagé de tout ce que poussédavo.

(Patois du Var.)

Un homou aveva doui fanti,
Dounde rou chu jouve diché à so par : pa, dai mé ce qui mé po revegnir drou vostrou ben. Et rou par gué fé rou partajou drou so ben.

(Patois génois de Mons et d'Escragnolles, Var.)

Un hommë avie dous ënfans,

Dount lou pu jouvë dise à soun pèrë : douna më la part dou ben quë dëou më rëvenir, ët lou pèrë lour fasë lou partâgi dë soun bèn.

(Patois du canton de Seyne, Basses-Alpes.)

Un hom' avié dous enfans,

Dei quaous lou pu jouiné diguet à soun pero : moun pero, douna mi lou ben que mi deou revenir à ma part. É li fé lou partagi de soun ben.

(Patois de Castellane, Basses-Alpes.)

Un homé avié dous garçouns,

Lou pu dzoüiné digué à soun père : moun père, douna mé lou ben qué mé déou révéni per ma par. É lou père partadzé soun ben entré elli.

(Patois d'Avignon, Vaucluse.)

Un certén home avié dous énfans,

E lou plus jouiné d'éléis digué oou pairé : pairé, douna mé la pourcién de vouesté bén qué mé revén. É li partagé soun bén.

(Patois du canton de Cadenet, Vaucluse.)

Un hommet aguet dous garçons,

Et lou plus jeunet diguet à son pèret : pèret, bélâ met la part de bien che (prononcez *ké*) met revint. Et lou pèret lour diviset son bien.

(Patois de Valence, Drôme.)

Un homé avi dous garçouns,

Dounté lou pu jiouné digué à soun péré : moun péré, douna mé lou bén que mĕ déou véni per ma part. É lur fagué lou partagi dé soun bén.

(Patois de Nyons, Drôme.)

Un houmé avi doux enfans,

Lou pu jouiné d'ellés digué ou péré : beylaï mé la pourtioun de vouasté ben qué mé réven. Et lou péré partagé sei béns eoumé eou.

(Patois du Buis, Drôme.)

Ero un homme qu'ovio doux éfons,

Lou plus dzuèné doou doux li dicèt : moun péré, béilé mé cé qué pouo mé révéni doou bién. Et lou péré lou foguè lou portadzé.

(Patois de la Drôme.)

Un sartem homme aïe dous garçous,

Lou pu jouvé dissec à soun père : moun père, beila me la portion dou be que me reven. Et lou père fec en chasquen sa part.

(Patois de Gap, Hautes-Alpes.)

On n'omo aveive dou meniots,

Don le ple dzouveno a det à son père : mon père, baillé mey le bin que me dey venir por mon drey et e lieu z'a partadgia son bin.

(Patois de Saint-Maurice, canton du Valais.)

In haume avaît doux fés,

Le pus djeuene des doux prayét son pére de yi baîe lé paît qu'él poraï prétendre en son héritaige.

(Patois de Delemont, canton de Berne.)

Ain home aive do fils,

Le pieu geouveunne dés do préya son père de gli baillie la part qu'él povait prétedre à s'n hertage.

(Patois de Bienne, canton de Berne.)

Enn home avîe do boûebes,
Le pieu tsgeuvène dé do préya son pére de gli baillieson drait de bai qu'él poyiève prétendre de sen' hirtatsge.

(Patois de la Montagne de Diesse, canton de Berne.)

In home ayant doux fés,
Le pieu geovenne des doux praïa son pére de li baillie la pert qu'al poïait prétodre à son hartaïge.

(Patois de Courtelary, Berne.)

In home avait doux fés,
Lo pus geüene des doux prayoit son pâre dy bayie sa pourtion de son hartage.

(Patois de Moutier-Granval, Berne.)

On omo avai dou garçons,
Le pé djouânne dezai à son pâre : bailli mé cen que dai me revegni de voutron bein. É le pâre leur fesé le partage de son bein.

(Patois des environs de Genève.)

On omou l'avei dou valè,
Le plie dzouvenou dei doû l'a de on dzo à son pére : sègno ! baliîde-mé mon drei dau bin que mé pau pèrveni. Le pére l'a partadzi le bin.

(Patois broyard sur la rive orientale du lac de Neuchâtel.)

On ommo avai dous valets,
Dont le derrai deja à son paire : mon paire, baillemé la fonda dé bin que me dai venir. Dinse il lô partadja sé bins.

(Patois de Montreux, district de Vevey, canton de Vaud.)

On ommo li u dou fe,

Le plie dzoûeno d'intre lau deje on dzoi a schon pâre : schêna balîîdè méè la pâ dé bin que pau mé révigni. Le schéna partadza et lei balia schon drei.

(Patois roman de Gruyères, canton de Fribourg.)

Un tschert ômm veva duus filgs,

Et il juven da els dscheva al bap : bap, da a mei la portiun della substanza qua la a mei tocca. Et el ha part ad els la substanza.

(Patois de la Basse-Engadine, canton des Grisons.)

Un hom havaiva duos filgs,

Et il juven d'els dschet al bap : bap, dom' la part della facolted ch'im po tucher. Et el divìdet ad els le facolted.

(Patois de la Haute-Engadine, canton des Grisons.)

Je pourrais donner le triple de ces citations déjà bien longues, mais elles suffisent et au delà pour donner une idée exacte de la multiplicité des patois. A voir une même phrase, presque toujours composée des mêmes mots, se transformer d'une façon aussi radicale, on sent que notre langue subit la loi commune : la diversité dans l'uniformité !

CHAPITRE X

De l'universalité de la langue française.

Chaque langue a son génie particulier. Les unes offrent un heureux mélange d'harmonie et de grâce, les autres sont pleines de majesté et d'éclat. Certaines possèdent des vocabulaires excessivement riches. La langue française peut être fière de son universalité. En effet, une langue ne s'impose pas hors de son domaine naturel, sans être portée par le char de la victoire ou sur les ailes encore plus rapides du progrès. Si les Grecs et les Romains dans l'antiquité, les Français et les Anglais dans les temps modernes, ont eu l'insigne honneur de voir leurs langues se propager dans l'univers, c'est que ces langues appartenaient à des races d'hommes nés pour conquérir et porter partout où ils allaient les lumières de la civilisation.

A peine notre langue est-elle formée que les Normands traversent la Manche et s'emparent de l'Angleterre. Ce que Guillaume le Conquérant exécute de l'autre côté du détroit, Robert Guiscard l'imite en Italie, et les croisés ne tardent pas à suivre le même exemple à Constantinople. Ainsi, au midi comme au nord, en orient comme à l'occident, la langue française, pendant les douzième et treizième siècles, règne souverainement en Europe ; je dis souverainement, car les États qui ne subissent pas l'empire de nos armes cherchent à connaître cette langue déjà riche en chefs-d'œuvre. Paris se couvre de colléges étrangers où des étudiants suédois, danois, anglais, italiens, viennent demeurer, pour s'initier à nos mœurs, à nos habitudes, à notre idiome, et reporter ensuite dans leurs pays le fruit de leurs études et l'écho de notre civilisation.

Triste écho ! il faut bien l'avouer, surtout si l'on en juge par ces trois pauvres gentilshommes flamands qu'Enguerrand de Coucy fit pendre en 1256 pour avoir chassé sur ses terres, et qui étaient venus à Paris pour apprendre le français, *propter idioma gallicum addiscendum*, nous dit Guillaume de Nangis.

Mais, si ce fait, d'ailleurs isolé, à une époque où l'on jouait sa vie comme pour avoir le plaisir de s'en débarrasser, ne prouve pas en faveur de la douceur des mœurs françaises au treizième siècle, il ne retire rien à la réputation dont jouissaient alors Paris et ses écoles, où l'étude des langues ne menait pas toujours au gibet.

Sans parler des établissements d'instruction publique fondés alors à Paris par des Français, on peut citer parmi les colléges de ce vieux quartier latin aujourd'hui disparu, celui de Dace, fondé en 1275, rue Saint-Hilaire, par Erland, archevêque de Limb ; ceux de Suède, rue de la Montagne-Sainte-Geneviève ; de Linkeping, rue Saint-Hilaire ; de Skara, rue du Clos-Bruneau ; des Allemands, rue Traversine ; des Lombards, rue des Carmes; des Écossais, rue des Amandiers, et même de Constantinople[1]. Ce qui faisait dire à Eustache Deschamps, en parlant de Paris :

> C'est la cité sur toute couronnée
> Fontaine et puis de sens et de clerjie,
> Sur le fleuve de Saine située.
> Vignes et bois, et terres et praérie,
> De tous les biens de cest mortele vie
> A plus qu'autres citez n'ont.
> Tuit estrangier l'ament et ameront :
> Car pour deduit et pour estres jolis
> Jamais cité tele ne trouveront,
> Rien ne se peut comparer à Paris.

L'influence de la langue française à l'étranger s'est exercée de différentes manières, soit en altérant la langue de la nation envahie, soit en se substituant complétement à ce langage dans la composition des œuvres littéraires, soit en parvenant à se populariser assez pour que les peuples vaincus prissent goût à la littérature des vainqueurs, et que cette littérature leur suggérât l'idée de l'imiter dans leur idiome national.

Ainsi l'Italie, qui doit plus à la France qu'elle ne lui a donné, ne possède une littérature que plus de cent cinquante ans après la formation de la langue française, et toutes ses productions premières s'inspirent de nos poëmes héroïques, de nos romans et de nos fabliaux. Ses trois grands écrivains même, le Dante,

1. Voyez pour plus de détails mon édition de l'*Histoire du diocèse de Paris*, par l'abbé Lebeuf. Paris, 1863-1871. 4 vol. in-8.

Pétrarque et Boccace, ont, si l'on veut bien me permettre cette expression, francisé leur génie. Le dernier surtout a non-seulement imité nos conteurs, mais encore il a coloré son style de gallicismes nombreux, tels que *dimora* (demeure), *vegliardo* (vieillard), *non ha lungo tempo* (il n'y a pas longtemps), *io vi so grado di quella cosa* (je vous sais gré de cette chose), etc., etc.

Parmi les Italiens qui produisent des œuvres françaises, nous devons citer Martino de Canale, auteur d'une histoire de Venise, composée en 1275 et écrite en français, parce que « la lengue frenceise cort parmi le monde et est la plus delitable à lire et à oir que nulle autre. » Brunetto Latini s'exprime de même au commencement de son célèbre trésor : « Et se aucuns demandoit, dit-il, por quoi cist livres est escriz en romans, selonc le langage des François puisque nos somes Ytaliens, je diroie que ce est par II raisons : l'une, car nos somes en France, et l'autre por ce que la parleure est plus delitable et plus commune à toutes gens. »

Des raisons semblables déterminèrent Guillaume de la Perene (1378), Nicole de Casola, contemporain de Boccace, Louis de Porcia, Thomas, marquis de Saluces, et bien d'autres, à écrire leurs œuvres dans une langue qui n'était pas celle de leur pays.

Cet hommage rendu par les étrangers à notre idiome national fut si unanime, que nos pères furent, non-seulement persuadés de l'incomparable supériorité de leur langue, mais encore positivement convaincus qu'elle était la langue naturelle des humains.

Un miracle du treizième siècle raconté par Guillaume de Chartres prouve et la naïveté de nos aïeux et la facilité avec laquelle l'homme aime à croire tout ce qui flatte sa vanité et son orgueil. Un malheureux sourd et muet, âgé de vingt-cinq ans, vient des extrémités de la Bourgogne, où il est né, faire un pèlerinage au tombeau d'un saint déposé dans la célèbre abbaye de Saint-Denis. La prière est exaucée, il guérit, et il se met immédiatement à parler, non pas le dialecte de son pays, c'eût été trop naturel, mais la langue de Paris, qui avait alors la réputation d'être la première et la plus belle des langues vulgaires.

A la fin du moyen âge, chaque État avait repris officiellement son idiome national. A voir ainsi chaque peuple parler sa vraie langue, on pourrait supposer que la langue française a perdu son caractère d'universalité et que son rôle despotique est fini. Il n'en est rien cependant. Non-seulement les peuples qui l'avaient parlée si longtemps lui empruntent encore malgré eux beaucoup plus que leur patriotisme ne le voudrait, mais l'aristocratie européenne semble l'adopter comme langue officielle.

Charles-Quint l'appelle une *langue d'État*, et c'est probablement à cause du cas qu'il en faisait qu'il s'en sert pour abdiquer solennellement en faveur de son fils. Peu à peu le français devient le langage universel de la bonne compagnie, et, au dix-septième siècle, il est considéré comme l'organe de la diplomatie. Je citerai à ce propos une curieuse lettre de l'évêque de Beauvais, M. de Forbin-Janson, écrite par ce prélat, qui avait été ambassadeur, à Charpentier, l'auteur d'un traité de l'Excellence de la langue française, paru au dix-septième siècle.

« Monsieur,

« J'ay reçeu la lettre que vous m'avez fait l'honneur de m'escrire, et je voudrois bien sçavoir quelque chose qui pust satisfaire vostre curiosité; mais vous n'avez pas besoin d'aucun secours estranger pour faire paroistre vostre éloquence, dont vous avez donné des marques si éclatantes. Il est vray que nostre langue se peut appeler aujourd'huy la langue de l'empire, et pour vous esclaircir, Monsieur, sur ce que vous souhaittez de sçavoir de moy, je vous diray qu'après l'élection du roy de Pologne d'aujourd'huy, tous les ministres principaux qui se trouvèrent à sa cour, luy firent leurs compliments en françois, et dans toutes leurs audiences, ils ne traittèrent leurs affaires avec luy qu'en notre langue. M. le cardinal Bonvisi, qui estoit pour lors nonce du pape en ce pays-là; M. le comte de Schafgots, qui estoit ambassadeur de l'Empereur; M. le baron Anwerbeq, ambassadeur de M. l'électeur de Brandebourg; les envoyés du roy de Danemarck, de M. l'électeur de Baviere, et M. Stratman, ambassadeur de M. le duc de Neubourg, ne se servoient point d'autre langue que de la nostre dans leurs audiances publiques. M. Hyde, ambassadeur du roy d'Angleterre, pour tenir sur les fonts de bapteme, au nom du roy son maistre, un des enfants du roy de Pologne, ne parla jamais que françois dans toutes ses audiances; et M. Palavicini, qui est nonce du pape en ce pays-là, ne se sert que de nostre langue. Sa Majesté polonoise, qui sçait la finesse de nostre langue, qui l'escrit et qui la parle avec beaucoup de politesse, a toujours respondu en françois à tous ces ministres là, et dans toutes les cours où j'ay esté, *la langue françoise est la langue ordinaire dont on se sert.* Tous les princes et tous les ministres la parlent, et vous savez, Monsieur, qu'à Nimègue, les conférences de presque tous les ministres, et les mémoires qu'on donnoit de part et d'autre, se faisoient en nostre langue, *qu'ils regardoient tous comme la langue commune.* Je vous demande toujours, Monsieur, quelque part en vos bonnes grâces, et d'estre persuadé que je suis avec une estime particuliere, Monsieur, vostre très-humble et très-obéissant serviteur. »

L'evesque: C. DE BEAUVAIS.

A Gournay, le 12 may 1682.

Cette lettre confirme ce qu'écrivait le père Bouhours dans ses *Entretiens*. « On parle déjà françois dans toutes les cours de l'Europe. Tous les étrangers qui ont de l'esprit, se piquent de sçavoir le françois ; ceux qui haïssent le plus notre nation, aiment notre langue ; dans le païs où nous sommes, les personnes de qualité en font une étude particulière, jusqu'à négliger tout à fait leur langue naturelle, et à se faire honneur de ne l'avoir jamais apprise. Les dames de Bruxelles ne sont pas moins curieuses de nos livres que de nos modes. Le peuple mesme, tout peuple qu'il est, est en cela du goust des honnêtes gens ; il apprend notre langue presque aussitôt que la sienne, comme par un instinct secret qui l'avertit malgré luy, qu'il doit un jour obéir au roy de France comme à son légitime maistre. C'est une chose fort glorieuse à notre nation, que la langue françoise soit en vogue dans la capitale des Païs-Bas, avant que la domination françoise soit établie. La langue latine a suivi les conquestes des Romains ; mais je ne voy pas qu'elle les ait jamais précédées. Les nations que ces conquérants avaient vaincues, apprenoient le latin malgré elles : au lieu que les peuples qui ne sont pas encore soumis à la France, apprennent volontairement le françois. La gloire du roy y contribue peut estre autant que celle de ses prédecesseurs : les langues suivent d'ordinaire la fortune et la réputation des princes. Les heureux succès de Charles-Quint firent que de son temps les beaux esprits d'Italie apprirent l'espagnol.... Il n'y a guères de païs dans l'Europe où l'on n'entende le françois ; et il ne s'en faut rien que je ne vous avoue maintenant, que la connoissance des langues étrangeres n'est pas beaucoup nécessaire à un François qui voyage. Où ne va-t-on point avec nôtre langue ? C'est luy donner des bornes trop étroites que de la renfermer dans l'Europe ; elle a cours parmi les sauvages de l'Amérique, et parmi les nations de l'Asie les plus civilisées. Une lettre écrite d'Ispahan porte en termes exprès que la proposition qui a été faite depuis peu au roy de Perse, par les ambassadeurs de notre incomparable monarque, pour l'établissement du commerce entre ce royaume là, fait que les Persans étudient le françois avec une ardeur incroyable. »

Cette prépondérance de la langue française, que le P. Bouhours exagérait quelque peu sans doute *ad majorem Regis gloriam*, s'est conservée jusqu'à nos jours. On a même vu, en 1800, une convention conclue entre le Danemark et l'Angleterre, convention à laquelle la France demeurait absolument étrangère, rédigée en français. M. de Salvandy, l'un des ministres de l'instruction publique qui soit le plus à regretter, racontait qu'un jour, étant à Madrid, dans l'un des salons aristocratiques de la capitale, où l'on conversait en espagnol, il fut fort étonné d'entendre tout d'un coup parler français, pour faire honneur au frère de Wellington, lord Wellesley, ambassadeur d'Angleterre, qui venait d'entrer.

Mais cette connaissance de la langue française, répandue dans la haute société européenne, n'influe pour ainsi dire pas sur les idiomes des nations au sein desquelles elle est portée. Grâce à elle, les étrangers se familiarisent avec l'esprit français, ils prennent connaissance de nos chefs-d'œuvre, ils nous empruntent nos goûts raffinés et surtout nos mœurs faciles, mais cette influence est morale et littéraire, elle ne modifie pas les caractères constitutifs des langues étrangères.

Les conquêtes du moyen âge, que je rappelais au commencement de cette leçon, ont eu, au contraire, des résultats bien autrement décisifs. Il est certain que les Croisés ont laissé en Turquie des traces de leur passage, traces que l'on retrouve dans la langue franque parlée, à Constantinople et sur les côtes méditerranéennes, par les marchands et les marins.

En Morée, l'influence n'a pas eu une aussi longue durée; mais, dans certains monuments contemporains de la conquête, on rencontre à chaque ligne des mots français grécisés, ce qui explique cette réflexion du chroniqueur Ramon de Muntaner, « que les meilleurs gentilshommes étaient ceux de Morée, et qu'on parlait dans ce pays aussi bon français qu'à Paris, *e parlaien axi bell frances comme dins en Paris*.

Le développement de la langue française, en Italie, a été assez considérable, mais elle a eu peu de durée, et par conséquent peu d'effets. Les Normands, compagnons de Robert Guiscard, l'avaient portée à Naples et en Sicile, d'où elle se répandit dans le reste de l'Italie. Le royaume de Naples l'avait même si bien adoptée, qu'en 1150, le comte Henri, beau-frère du roi Guillaume Ier, crut devoir refuser la couronne qui lui était offerte par les principaux seigneurs de la cour, parce qu'il ne savait pas le français. Mais cette influence était plus apparente que réelle. Les couches inférieures des peuples sont en général beaucoup plus impénétrables, et par conséquent plus patriotiques que les classes riches, dirigées par l'intérêt, la vanité, l'amour des honneurs, tout ce qui se cache enfin sous les dehors pompeux d'une orgueilleuse ambition, et que l'on qualifie de nécessités d'État; aussi les classes pauvres, autant par haine de l'étranger que par inimitié contre ceux qui apostasient ou qui se laissent vaincre, se liguent-elles silencieusement, avec cette force que donne l'inertie, — la seule force des faibles, — pour repousser la langue du vainqueur, quel qu'il soit.

De tous ces peuples asservis par la France, ce fut, chose bien bizarre, le plus énergique et le plus redoutable qui subit davantage l'influence de notre langue, et qui en a conservé des marques indélébiles. L'Angleterre, cette ennemie de vieille date, nous a porté de rudes coups, elle a occupé plusieurs fois notre territoire, elle nous a suscité des ennemis terribles et nombreux, mais rien n'est resté de ses victoires et de ses invasions au sein du pays. Chez elle, au contraire, à huit cents ans de distance, elle conserve encore dans sa langue les traces ineffaçables de notre conquête.

L'histoire du règne du dialecte normand en Angleterre, et les phénomènes philologiques produits par le mélange de la langue des vainqueurs avec celle des vaincus, est trop intéressante pour ne pas fixer un instant notre attention.

CHAPITRE XI

La langue française en Angleterre.

L'histoire de la langue française en Angleterre, prend une importance relativement considérable, quand on l'examine à un certain point de vue.

En effet, lorsque deux langues sont en présence, et que l'une cherche à primer l'autre, si l'on n'observe que les altérations subies par la première aux dépens de la seconde, on fait sans doute des remarques curieuses et intéressantes pour la philologie, mais la question n'est pas étudiée comme elle mérite de l'être.

La lutte qui a existé pendant trois siècles entre l'anglais et le français, n'est pas un combat de mots, mais un duel entre deux races : la race germanique d'un côté, la race néo-latine de l'autre.

Je crois certainement à l'avenir du germanisme, je suis persuadé que les néo-latins ne joueront plus longtemps dans ce monde le grand rôle qu'ils ont si noblement rempli ; mais, à l'époque dont je parle, c'est-à-dire au douzième siècle, l'influence néo-latine était incontestable.

Deux faits relatifs au sujet qui nous occupe le prouvent d'une façon péremptoire.

D'un côté, les *North-men* pénètrent dans la Neustrie, s'y établissent en grand nombre et habitent certaines villes en si grande majorité que, dans une cité, plus importante qu'elle ne l'est aujourd'hui (Bayeux), on ne parle plus que danois ; et cependant le langage normand, à quelques exceptions près, ne se trouve nullement modifié.

D'un autre côté, une invasion contraire a lieu, ce ne sont plus les Germains qui vont fondre sur les Français, ce sont les Français qui vont soumettre les Germains. Les Normands envahissent l'Angleterre et l'anglo-saxon, à ce contact, est assez vigoureusement atteint pour conserver encore aujourd'hui des marques profondes de cette expédition.

En un mot, la France envahie, résiste ; la France envahissante, triomphe.

La grande majorité des historiens et des philologues regardent l'avénement de Guillaume le Conquérant au trône d'Angleterre comme l'époque à laquelle il faut faire remonter l'introduction du normand en ce pays. Cette opinion n'est pas tout à fait exacte, car, bien avant la conquête, il y avait eu des rapports assez intimes entre la Normandie et l'Angleterre, pour que la noblesse saxonne connût le dialecte normand.

Ethelred II avait épousé la fille de Richard Ier, duc de Normandie, et ses enfants, parmi lesquels on compte le célèbre Édouard III le Confesseur, furent élevés en France. Édouard III envoya lui-même son neveu Hérold en Normandie pour qu'il pût y achever son éducation. C'est sous ce monarque que les favoris normands commencent à se montrer. Fils d'une Normande, élevé depuis son enfance en Normandie, le roi d'Angleterre attire peu à peu ses anciens compagnons de plaisir, qui l'avaient consolé dans son exil. Bientôt les forteresses sont confiées à la garde des Normands, les diocèses sont dirigés par des évêques normands.

Quiconque sollicitait en langue normande, nous dit Ingulphe, n'essuyait jamais de refus ; cette langue bannit même du palais la langue saxonne, ignorée des compagnons du roi, à qui l'on ne parlait qu'en normand. Les ambitieux cherchaient à imiter le langage de la cour. La mode leur avait fait adopter les casaques normandes, l'écriture normande, en un mot, toutes les habitudes normandes. Cet engouement ne dura pas, on le sait. Les Anglo-Saxons reprirent le dessus, et les Normands abandonnèrent l'Angleterre, heureux cette fois d'en être quittes pour la peur.

La flotte, qui sortit le 30 septembre 1066 de Saint-Valery, ne porta donc pas en Angleterre des mœurs tout à fait inconnues et un langage complétement nouveau. Installé en Angleterre, le fils de Robert le Diable s'entoura de ses compagnons d'armes, de ses compatriotes, quels qu'ils fussent, et toutes les places furent données aux vainqueurs. Il n'y eut presque pas de siége épiscopal ni de monastère qui ne fussent gouvernés par des Normands ou des Français. On alla même jusqu'à déposer des évêques, sous le prétexte qu'ils ne connaissaient pas la langue des vainqueurs. C'est ainsi que Wolstan, évêque de Worcester (1071), fut chassé de son siége, parce que, selon les Normands, « c'était un vieil idiot d'Anglais qui ne savait pas parler français. »

Parmi les grands théologiens qui traversèrent la Manche avec le Conquérant, on peut citer Guillaume de Corbeil, élève d'Anselme, qui porta sa doctrine en Angleterre et devint archevêque de Cantorbéry; Turstin, moine de Saint-Étienne de Caen, qui devint abbé de Glastembury; Gontier, élève de l'École du Mans, l'un des restaurateurs de la discipline monastique en Angleterre, où il mourut abbé de Thorney, après avoir été archidiacre de Sarisbery et moine de Bataille; enfin Robert, moine de Saint-Ouen, successivement abbé de Jumiéges, évêque de Londres et archevêque de Cantorbéry.

Ces exemples, et bien d'autres que je pourrais citer, témoignent que l'armée n'avait pas seule profité des dépouilles des vaincus et que le clergé, dont l'influence était alors considérable, s'était employé à consolider dans les provinces le pouvoir nouvellement assis sur le trône d'Harold.

Sous les successeurs de Guillaume, l'influence française est si accentuée, que les rois eux-mêmes semblent ignorer l'existence d'une langue parlée par le peuple.

Les rois et les grands ne comprennent pas les mots les plus simples, et c'est à peine si l'on peut ajouter foi à ce chroniqueur qui assure que le roi Henri II, étant interpellé dans le Pembrokeshire par un indigène, fut obligé de se retourner vers son écuyer pour savoir ce que voulait dire « goode hold kynge. »

L'histoire suivante prouve une fois de plus que le vrai peut quelquefois n'être pas vraisemblable.

En 1191, un gentilhomme normand, Guillaume de

Longchamps, chancelier d'Angleterre, sous Richard Ier, avait profité, ce qui n'arrive que trop souvent, de sa haute position pour faire sa fortune aux dépens de celle de l'État. Disgracié tout d'un coup, il résolut de s'enfuir, et s'étant déguisé en marchande de toile, il se dirigea vers la mer où devait se trouver un navire qu'il avait frété. Arrivé le premier sur le rivage, il attendait avec anxiété l'apparition de ce navire, lorsque des femmes de pêcheurs, le prenant pour ce qu'il n'était pas, lui demandèrent le prix de sa toile. Le chancelier, qui ne savait pas un seul mot de saxon, garda un silence obstiné. D'autres femmes étant survenues et ne recevant qu'un rire assez dédaigneux, crurent avoir affaire à une idiote et soulevèrent son voile. Quelle ne fut pas leur surprise, lorsqu'elles découvrirent la tête d'un homme fraîchement rasée! Leurs cris attirèrent les ouvriers du port, qui voyant un homme déguisé en femme et ne parlant pas anglais, en profitèrent pour lui arracher son voile, le terrasser et le traîner par les manches et le capuchon jusqu'à la cave la plus voisine, d'où il ne sortit qu'après s'être fait connaître aux agents de l'autorité normande.

Les rois d'Angleterre, depuis Guillaume le Conquérant, firent tous leurs efforts pour implanter dans le royaume le langage de leurs ancêtres. Toutes les plaidoiries se prononçaient en normand, les décisions se rendaient dans la même langue, et les hommes de loi n'en parlaient pas d'autre. Les encouragements que les poëtes reçurent à la cour de Londres développèrent une renaissance littéraire assez brillante, et la poésie anglo-normande, dont il reste tant de monuments écrits, fut très-goûtée en France et dans les autres pays où l'on comprenait cette langue.

Enfin, pendant trois siècles, les écrivains populaires de l'Angleterre : Gaimar, Wace, Benoît de Sainte-Maur, Pierre Langtoft, Hugues de Rotelande (Rutland), écrivirent en français.

Les Saxons n'avaient pas tardé à comprendre que la connaissance de la langue française devenait pour eux une nécessité, et, tout en conservant aux vainqueurs la haine qu'ils leur avaient vouée, ils s'empressèrent d'étudier leur idiome et de s'en servir pour regagner des honneurs perdus. A la cour on disait :

Mountains	(montagnes)	pour	*hills.*
Valleys	(vallées)	pour	*dales.*
Rivers	(rivières)	pour	*streams.*
Cascades		pour	*waterfalls.*
Forestes	(forêts)	pour	*woods.*

L'ancienne noblesse qui n'avait que ses *earls* et ses *lords*, admit ses *dukes* (ducs) et ses *marquis*, ses *viscounts* (vicomtes), ses *barons* et ses *squire* (escuyers).

Dans la hiérarchie municipale l'*alderman* et le *sheriff* s'inclinèrent devant le *mayor* (maire).

C'est de ce rapprochement entre les Normands et les Saxons qu'est née la langue anglaise, composée d'un anglo-saxon dégénéré et d'un normand corrompu.

C'est ici le lieu de faire cette remarque curieuse, à plus d'un titre, et qui témoigne que l'antipathie des races peut se traduire jusque dans les mots, c'est le choix que les Saxons firent des termes qui leur étaient imposés par les vainqueurs, lorsque ces termes désignaient une chose déjà exprimée dans leur langue. Ainsi, l'animal dans sa liberté, dans sa beauté, tel que son créateur l'a fait, est désigné par un mot saxon. Lorsque cet animal a perdu la vie, qu'il n'est plus bon qu'à être la proie de la voracité des hommes, en un mot, lorsque l'animal est vaincu et dégradé, il porte un nom français.

EXEMPLES :

Bœuf vivant :	*ox*	—	Bœuf cuit :	*beef.*
Veau vivant :	*calf*	—	Veau cuit :	*veal.*
Porc vivant :	*swine*	—	Porc tué :	*pork.*
Mouton vivant :	*sheep*	—	Mouton cuit :	*mutton.*
Gibier :	*deer*	—	Venaison :	*venison.*

Au point de vue philologique, le mélange du normand avec le saxon présente des phénomènes curieux à étudier. On peut classer en quatre catégories les mots d'origine normande employés aujourd'hui dans la langue anglaise.

I. — Mots normands conservés en anglais. — Thommerel a calculé que sur 43.566 mots composant aujourd'hui la langue anglaise, il y en a 8,489 qui proviennent du français. Je n'en donnerai donc pas la liste, je m'arrêterai cependant sur certains mots qui non-seulement ont été transportés en Angleterre par les Normands, mais qui ont été employés par les écrivains français, même après la Renaissance.

1. On dit aujourd'hui à Londres *to give a buffet*, donner un coup de poing, ou *to buffet*, assaillir, donner des coups.

Le mot *buffet* vient de *buffe*, signifiant soufflet, d'où les mots inusités aujourd'hui *buffeter*, *buffier*, pour *exciter*, *tourmenter*, *agir avec violence*, et d'où *rebuffade* est probablement venu.

Montaigne donnait aux maîtres de maison un conseil, dont je lui laisse toute la responsabilité.

« Je conseille qu'on donne une *buffe* à la joue de son valet, un peu hors de saison, que de gehenner sa fantaisie, pour représenter cette sage contenance ! »

(MONTAIGNE, *Essais*, liv. II, chap. XXXI.)

Amyot disait en parlant des soldats épargnés par la guerre.

« Il se trouve ici des hommes qui ne receurent jamais coup ni *buffe* à la guerre, ains sont gras et refais et ont le teint frais comme jeunes filles. »

(AMYOT, *Paulus Æmilius.*)

2. En anglais, on désigne un *voleur* par le mot *robber* et *voler* par le verbe *to rob*.

Robber est notre mot *rober* qui avait la même acception :

Bien tant ne greve menteor
A larron ne a *robeor*
Com veritez quand la receoit.

(BOREL, *Rom. des Sages.*)

Le verbe *rober* dont nous nous sommes servis longtemps :

Comme pense-t-il faire l'or
S'il me *robe* mon trésor.

(BOREL.)

se conserve dans la forme *dérober*.

3. Le mot anglais *knife* qui signifie *couteau* est notre ancien mot *canivet*, *kenivet*, *cnivet*, *cnif*, aujourd'hui *canif*, — mot que les Danois avaient probablement apporté en Normandie, car on dit *knif* en suédois et *knîfr* en ancien scandinave.

Olivier de Serres disait encore au seizième siècle :

« On oste la pellicule jaune de l'escorce avec un canivet bien tranchant. »

4. Le mot anglais *stake*, qui veut dire poteau, vient de notre vieux mot *estache*, morceau de bois. On nomme encore dans le peuple *eustache* un petit couteau à manche de bois.

5. *Caitif* signifie en anglais *misérable*, *malheureux*, d'où l'adverbe *caitively* : bassement, servilement, etc.

En vieil anglais *caitif* s'écrivait *cheitive* et venait de notre mot *chétif*, mot d'origine populaire fort curieux, du reste, à étudier, car il est une des formes provenant du mot latin *captivus* (pris). En effet, *captivus* ayant formé *chétif* (*cheti* en bourguignon), le mot ne tarda pas à s'éloigner du sens primitif, et, au lieu de désigner seulement la condition d'une personne privée de sa liberté, indiqua aussi et bientôt tout spécialement l'état de faiblesse et de misère dans lequel tombait un prisonnier. Le mot *captif* fut inventé à la Renaissance et a conservé le sens pour lequel il a été forgé. C'est une forme savante, comme *canaille* qui vient de *canis* (chien) et que les gens de la halle prononcent avec leur bon sens habituel et une logique serrée : *chiennaille*.

Je pourrais faire des observations semblables sur les mots *riot*, *coins*, *damage*, *wicket*, *pen*, *plenteous*, *apostle*, etc., etc., etc.

6. On lit à chaque instant dans les comptes rendus des chambres anglaises le mot *attorney* que nos journaux ont adopté sans en donner la signification. L'*attorney* est un procureur. Il avait ce sens en Normandie, et, dans un vieux coutumier de cette province, on trouve le passage suivant :

« Li atorné est cil qui par devant justice est atorné pour aucun en eschaquier ou en assise, etc., etc. »

Dans certaines provinces l'*atourné* est celui qu'on appelle maire, et les arrêts qu'il prend s'appellent *atours*. Le mot *atourné* vient du latin *adornatus* pour *adornator*, qui arrange, qui soigne, du verbe *adornare*, orner. C'est dans ce sens qu'au moyen âge on employait les mots *atournaresse* et *atourneuse* pour *coiffeuse;* la *dame d'atour* n'avait pas d'autres soins que d'arranger, d'orner les toilettes de sa maîtresse.

II. — Mots normands conservés en Angleterre et repris par nous comme anglais. — Ce chapitre serait fort intéressant à développer, mais il rentre trop dans les curiosités du langage pour que je me permette d'en dire bien long. Je citerai seulement comme exemples les mots : *budget* et *tunnel.*

Les Gaulois appelaient *bulga* une bourse ronde en cuir. Peu à peu la *bulga*, le *bouge* s'employa pour marquer la rotondité, la courbure, le bombé de certains objets. C'est ainsi que ce mot désigna la partie la plus bombée d'un tonneau, la courbure des baux suivant leur longueur, la partie supérieure et évasée du chandelier, enfin une petite cuve servant à porter le raisin au pressoir.

Bougette passa en Angleterre, où il fut prononcé

boudget, *budget*, et prit l'acception de bourse du roi, de trésor royal. Fréquemment employé dans les documents administratifs de l'autre côté de la Manche, on trouva bon d'emprunter aux Anglais ce vieux mot défiguré, et le gouvernement de la Restauration l'employa officiellement pour la première fois dans un rapport au roi sur la situation des finances au 1er avril 1814, avec le sens d'État des recettes et des dépenses publiques.

L'idée de concavité attachée à ce mot, et l'intérieur souvent fort sale et nécessairement obscur de ces bourses en cuir fit qu'on l'employa ironiquement pour désigner ces pièces obscures et mal propres, ces taudis qu'on appelle *bouge*. Sous la forme *bougette* on avait conservé le sens primitif. En effet *bougette* signifiait autrefois un petit sac de cuir que l'on portait en voyage, et que l'on attachait à l'arçon de la selle.

Le mot *tunnel* employé spécialement dans le langage des chemins de fer pour désigner les viaducs souterrains taillés dans le bloc ou couverts d'une voûte de pierre n'est autre chose que notre mot *tonneau* qui a fourni *tonnelle*, sorte de petite allée en berceau couverte d'une voûte de charmille.

III. — Mots normands conservés en Angleterre et complétés par des mots saxons. — Je ne donnerai ici que quelques mots comme exemple de l'alliance intime des deux langages.

1° *Hand*kerchief. — Mouchoir.

Voici l'histoire de ce mot. *Couvrechief* (couvre-tête), en passant en Angleterre, a fait *coverchief*, puis *kerchief*, le sens de *couvre-chef* s'est modifié, et le mot a pris l'acception plus vague de *morceau de toile*, auquel on a ajouté le mot saxon *hand*, qui signifie *main*, c'est-à-dire *morceau de toile tenue par la main*. En résultat notre mot *mouchoir* signifie mot à mot en anglais *couvre-chef de main*.

Coach*man* (cocher), composé du mot français *coche* (voiture), et du mot *man* (homme).

Candle*stick* (chandelier), composé du mot français *candele* (chandelle), et du mot *stick*, bâton, tige.

Table-*cloth* (nappe), composé du mot français *table*, et du mot anglais *cloth*, linge.

All-Saints-*Days* (la Toussaint), composé du mot anglais *all* (tout), du mot français *saints* et du mot anglais *days* (jours).

Citons aussi :

Grand-*mother*, — grand'mère,
Grand-*father*, — grand-père,

et ce qui est plus bizarre :

Grand-*son*, — petit-fils.

Car, dans ce composé, l'adjectif français *grand* prend un sens complétement opposé à celui qu'il devrait avoir.

IV. — MOTS FRANÇAIS TERMINÉS PAR UNE FINALE ANGLAISE. — Ces finales qui donnent un caractère ethnique aux mots qu'ils terminent, sont très-nombreux en anglais. Je citerai comme exemples duke*dom* : duché ; bounti*ful* : bienfaisant ; false*hood* : fausseté ; grace*less* : disgracieux ; neat*ness* : netteté ; apprentice*ship* : apprentissage ; quarrel*some* : querelleur ; nap*kin* : serviette, etc., etc.

Si je ne craignais de faire l'histoire de la langue anglaise aux dépens de notre idiome national, je montrerais les modifications de la prononciation résultant du contact de l'anglo-saxon avec le franco-normand.

Je dirais par exemple que l'*o* français se transformait en *u*.

EXEMPLES :

Ab*o*ndance — ab*u*ndance.
Ab*ou*tir — ab*u*t.

Que partout où il y avait *on*, l'*u* venait se placer entre les deux lettres.

EXEMPLES :

Ab*on*der — to ab*ou*nd.
M*on*ter — to am*ou*nt.
Ann*on*cer — to ann*ou*nce.
R*on*d — r*ou*nd.
Comte, autrefois c*on*te — c*ou*nt.

Que dans les mots où se trouvaient un G, un J, un M, ou un V, les Anglo-Normands intercalaient un *d*.

EXEMPLES :

A*j*ourner — a*d*journ.
A*m*iral — a*d*miral.
Abré*g*er — abri*dg*e.
A*v*ancer — a*d*vance.
A*v*is — a*d*vice.

Tel est le tableau des principales révolutions subies par la langue anglaise, à cause de son contact avec le normand.

Ce fut en 1362 qu'Édouard III rendit une loi qui autorisait les Anglais à plaider dans leur langue ; ce qui ne l'empêcha pas de continuer à écrire ses actes en français, à commencer par celui qui proclamait l'émancipation de la langue anglaise.

« Item, est-il dit dans cette charte, pur ce que monstré est soventfoitz au roi par prélats, ducs, counts, barons et tout la communalté, les grantz meschiefs qui sont advenuz as plusours du realme, de cé que leys, custumes et estatutz du dit realme, ne sont pas conuz communément en mesme le realme par la cause quils sont pledez, monstrez et juggez en la langue franceis qui est trop desconue en le dit realme.... Le roi, desirant le bon gouvernement et tranquillité de son poeple.... ordeigne et establi que toutes plées que serront a pleder.... soient pledez, monstretz, defenduz, responduz, debatuz et juggez en la langue engleise, et qu'ils soient entrez et enroullez en latin. »

Cette importante décision, qui aurait dû être prise beaucoup plus tôt, marque la fin de l'influence française en Angleterre.

Sans doute l'ordonnance ne fut pas exécutée de suite, et la langue française ne disparut pas tout d'un coup de la scène, pour laisser jouer à l'anglais le rôle qu'il aurait dû remplir depuis longtemps. Il y eut une époque de transition, un moment d'hésitation, où le français, l'anglais et le latin se disputèrent la priorité.

Dans les papiers de la Tour de Londres, on possède encore une pétition d'un capitaine irlandais qui est écrite en français ; la réponse royale est en anglais, et l'ordre du conseil en latin. Les lettres de Henri V aux lord-maire et aldermen de Londres, présentent ce singulier mélange, le texte en anglais et la suscription en français.

Peu à peu l'idiome national reprend complétement le dessus, la littérature anglaise se développe, et le français, semblable au fleuve débordé qui se retire après avoir fécondé le sol, disparaît en laissant derrière lui des épaves, dont on connaît aujourd'hui la valeur et le nombre.

Les écrivains anglais, à commencer par Chaucer, ce grand *meleur* de termes hybrides et indigènes, ne gardent des mots français que ce qui leur semble utile pour l'enrichissement de leur langue. Quant au français qui doit nous occuper ici tout particulièrement, il continue à être étudié concurremment avec l'anglais dans les hautes classes.

Grâce au goût prononcé de l'aristocratie anglaise, pour l'étude des langues étrangères, il se trouve, chose bien singulière, que les premières grammaires[1] françaises, — les premières de toutes celles qui nous ont été conservées, — ont été composées par des Anglais !

L'habitude de parler français fit que peu à peu certaines locutions en usage à Paris se glissèrent dans le langage du grand monde, et, autant par pédanterie que par amusement, les grands seigneurs et, à leur suite, les auteurs entremêlèrent souvent leurs phrases de mots empruntés à notre idiome.

1. Voyez ce que je dis de ces grammaires dans mon *Cours de langue française,* Histoire de la grammaire, etc., p. 13 et suiv.

Cette habitude n'a pas cessé, et les personnes instruites ne dédaignent pas aujourd'hui de semer dans leur conversation quelques mots hybrides qui donnent à leur éloquence un singulier cachet d'originalité. Daniel Stern, dans son spirituel « *Voyage sentimental* » (Sentimental journey), s'est servi de ce procédé avec succès.

Je vais citer un échantillon de ce style bilingue, si on veut bien me permettre cette expression, et mes lecteurs verront que je n'exagère rien. C'est le passage d'un article de lady Morgan dans le numéro 116 du *New Monthly*.

« I Was *chez moi*, inhaling the *odeur musquée* of my scented *boudoir*, when the prince de Z... entered. He found me in my *demi toilette*, *blasée sur tout*, and pensively engaged in solitary conjugation of the verb *s'ennuyer*, and, though he had never been one of my *habitués*, or by any means *des nôtres*, i was not disinclined, at this moment of *délassement*, to glide with him into the *crocchio restretto* of familiar chat. »

Pour que l'on puisse bien juger du singulier effet de ce morceau, je vais employer le même procédé, en le traduisant en français, sauf les mots français que je restituerai en anglais.

« J'étais *at home*, aspirant la *musky smell* de mon *private room* parfumé, lorsque le prince de Z... entra. Il me trouva en *simple dress fatigued with every thing*, tristement occupée à conjuguer le verbe *to be weary* et, quoique je ne l'eusse jamais compté au nombre de mes *intimates* et qu'il n'était en aucune façon *of our set*, j'étais assez disposée en ce moment à entrer avec lui dans le *crocchio restretto* d'une causerie familière. »

J'ai hâte d'ajouter que les ouvrages anglais ne sont pas tous écrits dans le style mosaïque de ce fragment, bien loin de là. Seulement, c'est un spécimen curieux de conversation familière qui montre combien l'influence normande a été considérable en Angleterre, pour qu'un auteur puisse, sans crainte de rester incompris, jeter tant de mots français au milieu d'une phrase anglaise.

Un pareil procédé littéraire ne réussirait certainement pas en France, et pour deux raisons : la première, c'est que notre chauvinisme en serait douloureusement affecté ; la seconde, c'est que notre complète ignorance des langues étrangères ne nous permettrait pas de comprendre les finesses d'un tel amalgame.

Chez nos voisins la conversation est émaillée de mots français qui sont aujourd'hui considérés comme anglais. Je citerai :

Solidarity, introduit par Kossuth qui l'avait employé dans un discours fort admiré à Londres.

La royne le veult, phrase consacrée que le speaker de la chambre des communes prononce après le vote qui suit la troisième lecture d'un bill.

Oyer and *terminer*, locution de cour de justice, employées toutes les fois qu'on doit entendre et juger une affaire dans la même séance.

Le mot *oyez*, impératif de notre vieux verbe *ouïr* est très-mal prononcé aujourd'hui par les crieurs publics de l'Angleterre, qui semblent dire *oh yes, oh yes*, tandis qu'en réalité ils crient *oyez*, *oyez*, c'est-à-dire écoutez.

Dépôt.
Legerdemain (pour léger de main).
Corps d'armée.
Attaché (d'ambassade).
Distingué.
Troupe (de théâtre).
Avoirdupoise (synonyme de lourdeur).
Connaisseur.
Amateur.
Coup d'Etat.
Mortality.
Parole (prisonnier sur).

La réciproque existe chez nous. Depuis 1815 nous avons beaucoup emprunté à nos voisins d'outre-Manche. L'aristocratie en revenant de l'émigration se servait de mots anglais pour désigner, dans leur conversation, des habitudes et des usages qui leur étaient devenus familiers.

L'introduction du gouvernement constitutionnel naturalisa les mots : *club*, *speech*, *bill*, *budget*, *comité*, *meeting*, *pamphlet*, *jury*, *verdict*, *toast* et *convict*. On emprunta au vocabulaire des chemins de fer anglais, les mots : *coke*, *rail*, *wagon*, *tender*, *ballast*, *express*, *tunnel*. Le commerce s'habitua peu à peu aux termes : *chèque*, *warrant* et *drawback*. Il était de mode alors que les *dandys*, les *fashionables*, revêtus du *carrick*, de la *redingote*, du *plaid*, du *spencer*, allassent sur le *turf* en *tilbury*, en *break* ou en *dogcart* avec un *groom* derrière leur voiture et un *boule-dogue* en avant, juger de la force des *jockeys* dans le *steeple-chase*. Lorsque les plaisirs du *sport* étaient terminés, ils prenaient part à un *lunch* où ils réparaient par un *bifsteck* ou un *rosbif* avec une tranche de *pudding* et un *bol de punch* les forces qu'ils auraient pu perdre.

Si un *festival*, ou un *raout*, ou une *mess* d'officiers ne les retenaient pas, ils se décidaient pour chasser le *spleen* à faire un *whist* dans quelques salons, ou à boire quelques verres de *rhum* ou de *gin* dans un établissement *comfortable* où des *clowns* se livraient à la *boxe* pour égayer leur *humour*.

A une certaine époque de l'année ils allaient habiter quelque cottage et augmenter la valeur de leurs terres en faisant *drainer*. Quelquefois ils partaient en *touriste*, prenaient la meilleure *cabine* du premier *paquebot* venu, s'ils n'avaient ni *yacht*, ni *cutter* à leur disposition, et faisaient connaissance avec le monde *interlope* de toutes les capitales européennes.

Avant la Révolution tous les termes que j'ai indiqués plus haut n'existaient pas dans notre langage, et ce que je viens d'écrire n'aurait été compris par personne. Les seuls mots anglais admis alors appartenaient à la technologie maritime. C'étaient les mots : *dock*, *accore*, *bosseman*, *beaupré*, *boulingrin*, *cabestan*, *cachalot*, *cambuse*, *coaltar*, *éperlan*, *flibustier*, *héler*, *loch*, *lof*, *poulie* et *touage*.

FIN

TABLE DES MATIÈRES

FIN DE LA TABLE DES MATIÈRES

Typ. Rouge frères et Cie, rue du Four-Saint-Germain, 43.

BIBLIOTHÈQUE DE L'ÉCHO DE LA SORBONNE.

HISTOIRE DES BEAUX-ARTS : L'ART ANTIQUE (architecture, sculpture, peinture, art domestique), par M. *René Ménard*, avec un appendice sur la Musique chez les Anciens, par M. *G. Bertrand* (2me édition). 1 vol. in-16, de 308 pages. Ouvrage admis par la Commission des Bibliothèques scolaires, et médaillé par la Société pour l'instruction élémentaire. *Broché* : 2 fr. avec cartonnage en toile pleine, très-élégant et très-solide, 3 fr.

GÉOGRAPHIE UNIVERSELLE ; LA FRANCE (géographie physique, politique, administrative, agricole, industrielle et commerciale de la France et de ses Colonies); par M. *Ch. Périgot*, professeur au lycée Saint-Louis. 336 pages, 14 cartes. Ouvrage admis par la Commission des Bibliothèques scolaires, et médaillé par la Société pour l'instruction élémentaire. *Broché* : 2 fr.; avec cartonnage en toile pleine, très-élégant et très-solide, **3 fr.**

L'EUROPE (*depuis le traité de Francfort*, 10 *mai* 1871), géographie physique, politique, etc., de l'Europe et des États qui la composent, par M. *C. Raffy*, auteur des Lectures géographiques. 348 pages, 40 cartes. *Broché* : 2 fr.

NOTIONS DE BOTANIQUE, par M. *C. de Montmahou*, inspecteur de l'enseignement primaire. 176 pages, 49 fig. Médaille de la Société pour l'instruction élémentaire, *Broché* : 1 fr. 50; avec cartonnage de luxe : 2 fr. 50.

GÉOMÉTRIE PLANE, cours professé à l'Association libre de la Sorbonne, pour l'enseignement secondaire des jeunes filles, par M. *Salicis*, répétiteur à l'École polytechnique. 404 pages, 201 fig. *Broché* : 2 fr. 50. (Une édition de cet ouvrage est en vente au même prix, à l'usage des élèves de troisième, enseignement secondaire classique, et des élèves de première année, enseignement secondaire spécial).

LA PHYSIQUE ET SES APPLICATIONS ; PESANTEUR (Notions de mécanique, chute des corps, centre de gravité, pendule, balance, équilibre des liquides, principe d'Archimède, aréomètres, baromètres, machine pneumatique, pompes, gravitation universelle); par M. *Pierre Bos*, professeur au lycée de Dijon. 92 pages, 1461 vignettes. *Broché* : 2 fr. 50,

COURS DE MUSIQUE, THÉORIQUE ET PRATIQUE ; PRINCIPES ÉLÉMENTAIRES, par M. *P. Bos*, élève d'Émile Chevé. 416 pag. *Broc.* : 2 fr. 50 ; avec cartonnage de luxe, 3 fr. 50.

HISTOIRE MODERNE : CONSTITUTION DE L'EUROPE MODERNE (1453-1598), par M. *Jules Pinard*, professeur d'histoire au lycée Condorcet. 408 pages. *Broché* : 2 fr. 50.

COURS DE LANGUE FRANÇAISE : HISTOIRE DE LA GRAMMAIRE, ORIGINE ET PERMUTATION DES LETTRES, FORMATION DES MOTS, PRÉFIXES ET SUFFIXES, par M. *H. Cocheris*, bibliothécaire à la bibliothèque Mazarine, président de la Société nationale des Antiquaires, etc., etc. 396 pages. *Broché* : 2 fr. 50.

COURS DE STÉNOGRAPHIE, à l'usage des élèves des lycées, colléges, pensionnats de jeunes garçons ou de jeunes filles, ainsi que de toutes les personnes qui, aux cours, conférences, réunions publiques, etc., veulent suivre la parole des orateurs, par M. *L. P. Guénin*, sténographe. 120 pages. *Broché* : 1 fr. 25.

PETIT TRAITÉ DE POÉSIE FRANÇAISE, par *Théodore de Banville*, 248 pages *Broché* : 2 fr.

L'ÉCHO DE LA SORBONNE : COURS COMPLET D'ENSEIGNEMENT SECONDAIRE EN TROIS ANNÉES. *Cours de première année*, 4 forts volumes à deux colonnes, 1,200 pages, 289 fig. Prix de chaque volume : 6 fr. — *Cours de seconde année*, 4 volumes, 1, 252 pages, 597 fig. Même prix.

ASSASSINAT DES OTAGES (Mgr Darboy, MM. Bonjean, Deguerry, Allard, Clerc et Ducoudray). Débats du 6e Conseil de guerre, compte rendu *in extenso*, par *L. P. Guénin*, sténographe. 400 pages. *Broché* : 2 fr. 80.

SOUVENIRS D'UN OTAGE, La Roquette, Mazas, les hommes de la Commune, l'archevêque de Paris, le président Bonjean, le banquier Jecker, les Pères et Missionnaires, l'Evasion, par FERDINAND EVRARD, sergent-major au 106e bataillon pendant le siége de Paris, réfractaire et condamné à mort sous la Commune. Broch. in-18 de 108 pages. Prix : 1 fr.

ÉTUDES SUR LE SIÉGE DE PARIS. L'ARTILLERIE, réponse au général Susane, par M. SALICIS, capitaine de frégate, répétiteur à l'Ecole polytechnique. Prix : 40 c.

Envoi franco *contre mandats ou même timbres-poste.*

www.ingramcontent.com/pod-product-compliance
Ingram Content Group UK Ltd.
Pitfield, Milton Keynes, MK11 3LW, UK
UKHW022110260726
13993UKWH00001B/433

9 782019 965280